物叢書

新装版

荒《あら》井《い》郁《いく》之《の》助《すけ》

原田　朗

日本歴史学会編集

吉川弘文館

荒井郁之助（荒井家蔵）

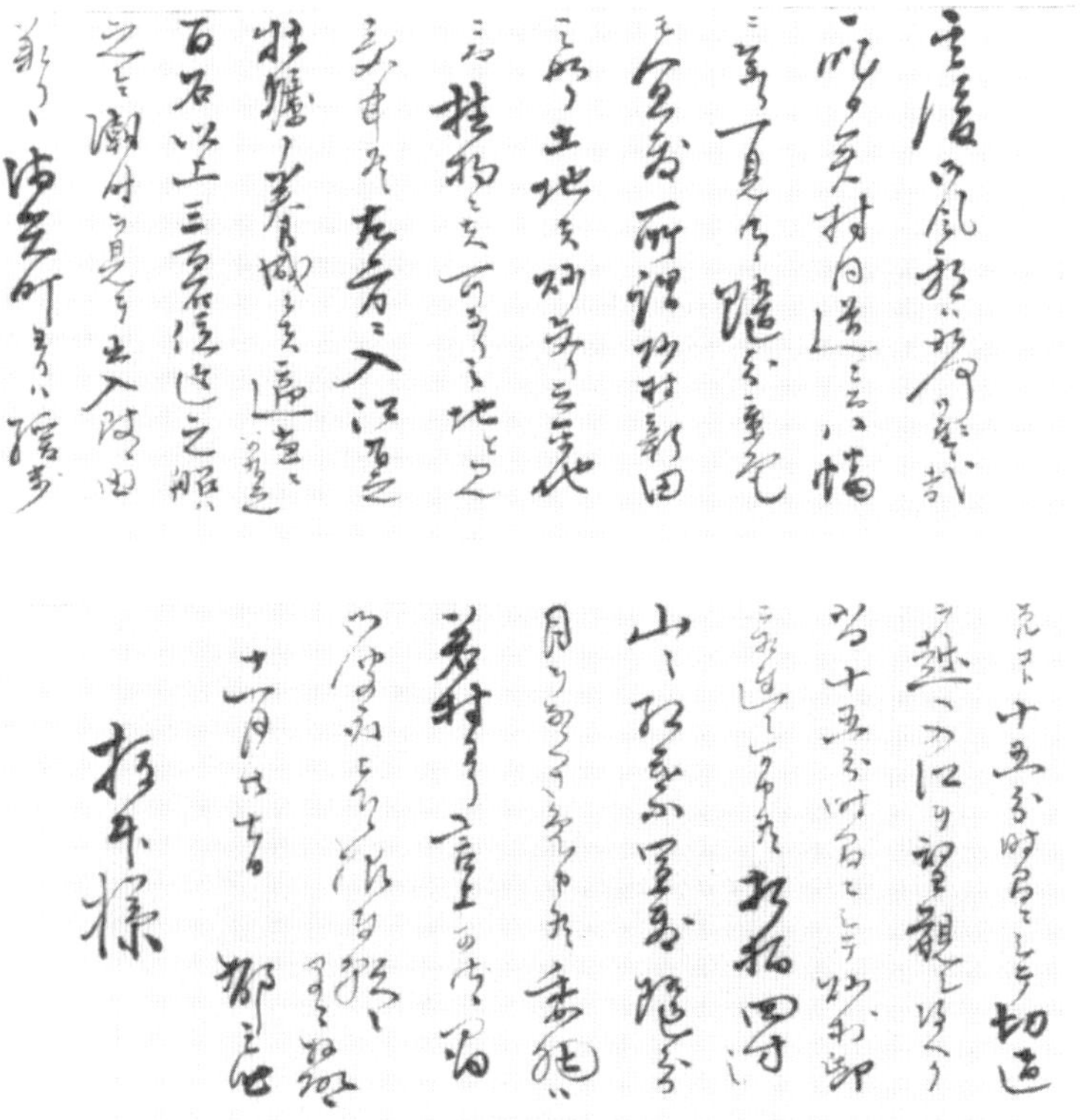

荒井郁之助書状（榎本武揚宛て）（国立国会図書館憲政資料室蔵）

まえがき

東京の渋谷区広尾に祥雲《しょううん》寺という寺院があり、その境内に「荒井君碑《あらいくんひ》」と記した石碑がある。その篆額《てんがく》「荒井君碑」は徳川家達《いえさと》によるもので、岡崎壮《つよし》撰の約六百字ほどの碑文は正五位荒井郁之助《あらいいくのすけ》の七十数年の生涯と業績を記している。現代文に直すと数ページの書き物になろう。

石碑が建てられたのは大正四年で、荒井郁之助が亡くなって六年目にあたる。書き出しは、「荒井君既に卒して七年、故旧相謀りて碑を建てんとして、以て銘も属せらる」（原漢文）とある。七回忌の法要で旧知が相い寄り、碑を建てたというのである。裏面には、発起人八名の名前が刻まれている。そこには、中村精男《きよお》（第三代中央気象台長）、榎本武憲《たけのり》（箱館戦争で幕府軍総裁、後新政府でいくつも大臣を勤めた榎本武揚《たけあき》の長男）などの名前がみられる。一方、篆額の贈り主徳川家達は三卿の一つの田安家の出で、第十五代将軍徳川慶喜《よしのぶ》のあと徳川宗

荒井君碑

家の第十六代を継いだ人である。ここに名前をつらねている人をみれば、荒井郁之助の生涯の活躍分野をおおよそ知ることができる。

　碑文は書き出しにつづいて、「同君は幕府に仕え、余もまた謦欬《けいがい》に接したり。誰もあえて辞さざるなり」と述べ、幕府首脳を前にした講話で聴衆に感銘を与えたと篆額の贈り主家達が賛辞を述べている。徳川家の次の代の徳川家正《いえまさ》氏は荒井郁之助の伝記に序文を寄せ、「翁がその晩年、随時千駄ケ谷の家で父の催した集まりに何回か来られて、いろいろ昔話などされた」と述べていることから、晩年の郁之助は、旧幕府直参のお目見《めみえ》として、家達に面会の機会をもっていたことがわかる。

これまで荒井郁之助を語った本が二冊ほど刊行されている。一つは明治百年・北海道百年を記念して出版された逢坂信忢著『荒井郁之助伝』で、副題に「北海道教育の先駆者」とある。刊行の意図は、北海道開拓史の一部を綴ることであったろう。もう一つは福永恭助著『海将荒井郁之助』で、第二次世界大戦時に刊行された。巻頭には当時の海軍大将嶋田繁太郎ほか二氏が序文を寄せている。旧帝国海軍が特殊潜航艇「回天」による攻撃の準備をしていたころ、旧幕府海軍が戊辰戦争で起死回生の反撃を託した宮古湾海戦の旗艦である木造外輪の巡洋艦「回天丸」を率いた司令官荒井郁之助の伝記として出版された。

同伝記には、荒井郁之助が晩年に書き遺した手記「荒井家伝記」が添えられている。これは、荒井家伝記とはいいながら、多分に自伝の内容を備えたもので、荒井郁之助を知るには底本となるものである。古くは曾祖母の思い出までさかのぼり、慶応三年(一八六七)十二月二十八日の薩摩藩邸焼き討ちのところで終わっている。さらに同伝記には、郁之助の末子荒井陸男《りくお》による「伜から見た荒井郁之助」という一文も添えられている。同氏は早くから欧州に渡って絵画の腕を磨き、当地で一応生活の基盤を築いた人である。帰国後は洋画家として立ち、今、明治神宮聖徳記念館に「日露役旅順開城」を飾っている。この一文は身内から見た記録で、やや客観性を欠くところもあるが、公的な資料にはない郁之助の姿を書き留めている。

「荒井家伝記」は父顕道《あきみち》の残した数多くの書き物について記し、そのなかに「牧民金鑑《ぼくみんきんかん》」数十巻にふれている。これは郁之助の父顕道が甲州市川大門に代官として赴任中の嘉永年間に書いたもので、当時の代官の行政に必要な執務事項を盛りこんだ行政実務便覧といったものである。のちに高い評価を得た。かつて、同書の研究家法学博士滝川政次郎氏の校訂による『牧民金鑑』(刀江書院)が出版され、なかに「序並びに解題」と「荒井顕道略伝」を添え、父荒井顕道と郁之助ならびに長男の三代のほか、荒井家先祖数代にさかのぼって記している。荒井郁之助を知るためには欠かせない著作である。

荒井郁之助は、幕末維新を箱館戦争に敗れ、明治政府のもとでは自然科学の分野の技術官僚として後半生をまっとうした明治のテクノクラートである。日本の近代科学史の序幕を飾った人であった。その活動分野は広く、著作者として名前を残した著書、訳書、論文、報文、測量図や、史蹟などに多くの事績を残した。しかし、まだその所在がわからないものもある。

本書を記すにあたっては、これらの資料のほか、父祖たちの残した事績も参考にした。また、荒井郁之助の周辺の人物からも多くのことを知ることができた。これらさまざまな資料は、従来、一人の人物に関係したものとして見られることのなかったものが多い。本書では、それらを一冊の書物にまとめて述べることができた。

目次

口絵

挿図

第一　はじめに

一　湯島の組屋敷に誕生

幕府御家人の家庭に誕生

荒井郁之助は、天保七年（一八三六）四月二十九日に、荒井清兵衛顕道《あきみち》の長男として湯島天神下上手代町の組屋敷に生まれた。祖父精兵衛道貞《みちさだ》の幼名をもらって幾之助と名付けられ、のち、文字を改めて郁之助と改名したのは元服のころである。また、諱《いみな》は顕徳《あきのり》といった。先祖の墓地は近所の休昌院（台東区池之端）にあり、百五十年の昔に建てられた墓石が現存する。荒井家は、江戸時代の中後期を浮きもせず沈みもせず、代々小普請方《こぶしんかた》ていどの家督を継いで代を重ねていた幕府の御家人《ごけにん》であった。

この時期の荒井家は大家族で、曾祖母、祖父母、二人の叔父と叔母一人の家族構成であった。叔父はそれぞれ他家成瀬と矢田堀を継いだが、養子先にあっても郁之助の養育に手を貸し、文武の教育で親代わりの役をした人たちである。父清兵衛顕道は、幕府の

組屋敷

小普請方手代《こぶしんかたてだい》として出仕をはじめ、小普請方に昇進し、さらには代官まで勤めるようになった。しかし、郁之助の誕生のころの荒井家は、まだ組屋敷に住まい、裕福といえるほどの家庭ではなかった。郁之助が思い出す曾祖母斗為《とい》は、「極めてまめまめしく節倹を旨としたまひ、荒井家の白鼠といはれし御人なり」と手記は述べ、代々質素に暮らしてきたことを暗に説明している。

手記に書き残された幼年時代の記憶をたどってみると、当時の屋敷と近辺の様子をうかがうことができる。生家の一帯は、隣家と軒を接した武家の居住地域で、赤児のころ一軒先の隣家に泣き声が聞こえたという母のはなしを書き添えている。しかし、狭いながら、いちおう間取《まどり》も中間部屋《ちゅうげん》がついており、屋敷には門もあった。そこには祖父精兵衛道貞《みちさだ》がその号を檉斎《ていさい》と名乗った由来の庭木檉柳《ぎょりゅう》が植わっており、七、八歳の頃はその木に登ったというから、かなり大きい樹に育っていたのだろう。垣根には割り竹を縄で結びあわせた建仁寺垣が巡らされており、庭には枯山水《かれさんすい》の池があったことを記憶にとどめている。またこの庭には梅の古木が二本あったという。これも大木というから、小さな敷地のように書いているが、庭の体裁くらいはととのった屋敷であったと思われる。一軒隣まで自分の泣き声が聞こえたというのも、赤児のころは丈夫であったこと、父の出世後に引っ越した屋敷が大きかったことと符丁を合わせて書いたのであろう。今の住居とくらべると、結構敷地も広い屋敷であった。

荒井家は江戸の町のなかに住んでいるが、記憶に残っていた近所の情景には草木の自然をみた描写が多い。根岸にある母の里への往き来には、そばの疎水に鮒やめだかやお玉杓子《じゃくし》をみてそれを楽しみ、垣根には朝顔と宝銭花《ほうせんか》の花盛りを記憶にとどめている。また溝の緋鯉までひとつひとつを手記に残している。武家の屋敷町に育った郁之助ではあるが、塀と門の景色より、草木とその花がより記憶に残っていたようである。

小さな庭のある組屋敷とはいえ、隣家に泣き声が聞こえるていどの広さの屋敷なので、近所には遊び友達をもつことができた。晩年に書かれた手記に、独楽《こま》遊びをした幼友だちの氏名を詳しく書き残している。また、筋向かいの翠堂《すいどう》という書家は娘のみの家庭であったが、その家の物干しに凧揚げをしにあがり込むくらい屈託のない幼年時代を過ごしている。

こうして郁之助が綴った幼年期の記憶をまとめてみると、草木と花と池の鯉などの自然の情景と、独楽遊びや凧揚げなどごく一般の子供の遊びごとが書きとめられている。そこには、裕福さは感じられないが、家計のむずかしさをにおわすものもない。豊かではないが、それなりの環境で育ったものと思われる。

二　父祖の足跡

過去帳による先祖の調査

「荒井顕道略伝」の著者滝川政次郎氏は、顕道のほか、郁之助と荒井家のいく人もの先祖について調査をおこなっている。台東区池之端の休昌院にある過去帳をたどり、没年が元禄十五年（一七〇二）の先祖まで、計十七名の故人の没年と戒名が明らかになっている。このうち同寺には、心源院殿迂軒《うけん》顕道《けんどう》居士（文久二年八月十一日）という墓石と鏡智院殿普《ふ》相元光《そうげんこう》大姉（万延元年九月十六日）の墓石が現存する。この同形の二基は、墓苑のなかで離れたところにあるが、それぞれ郁之助の父顕道とその妻（先妻）の墓である。曾祖母については、安政四年（一八五七）に奥州で没し、桑折《こおり》（福島県伊達郡桑折町）のお寺に葬られたことは手記が述べている。このほかの先祖については、墓石がいずれにあるのか判明しない。

戒名からみた家格

荒井家の先祖の系図は残されていない。滝川政次郎氏は江戸時代の姓氏と家系の調査をして戒名の考察をすすめ、文政八年（一八二五）没の正巖院秋雲宗賢信士が郁之助の曾祖父であろうと推定している。その戒名は末尾が居士でなく、信士で終わっている。当時の禅宗寺院のしきたりを勘案すると、戒名は家格を示しており、曾祖父は信士の戒名を贈られる身分の家督を得ていたことになる。したがって、曾祖父とそれ以前の先祖は、微禄の御家人であったろうと滝川氏は想定している。さらに曾祖父の役職は、小普請方《こぶしんかた》手代《てだい》もしくは小普請方吟味役《こぶしんかたぎんみやく》で終わったものとみている。小普請は、禄高二百石以上三千石以下の非役の旗本と御家人《ごけにん》の職名で、土木建築などの事業があるとそれにあたった。さらに過去帳をさかのぼると、没年が四年先の桂相院という故人がいる。俗名を清兵衛と称していた。荒井家では、この人より郁之助の父までいずれも清兵衛の名を継ぎ、ときに精の字をあてていたらしい。本書は、滝川氏の考証による文字をあてた。

　こうして、荒井郁之助の先祖の社会的地位を曾祖父の代までさかのぼってみれば、おぼろげながら、江戸中期の荒井家の姿を想像することができる。その後、代を重ねるうちに努力がみのり、徳川家臣としての社会的地位が少しずつ高くなっていくのが手記にみられる。

祖父精兵衛

　手記「荒井家伝記」は祖父の精兵衛について多少のことを記している。郁之助は、祖父の死を三歳のときとしているが、過去帳（達道院自覚檉斎居士）の没年は天保十年（一八三九）

四月となっているので、これは数え年で四歳の記憶違いであろう。いずれにしても祖父の在世は郁之助がほんの幼時のときのことで、直接、薫陶を受けるまでにはいたらなかった。ただ祖父は、「檉斎叢書《ていさいそうしょ》」十余巻を残した。これは、年中行事などが書き留められたものというから、特別な主題について著述をしたものではなかろう。一家の当主が子孫のために書きおいた程度のものと考えられる。

祖父精兵衛の役職は、一代前の曾祖父が小普請方吟味役で終わっているのにたいして、小普請方手代より小普請方となり、御目見以上、すなわち旗本格まで昇進している。たまたま四十九歳の若さで早逝したが、自分一代限りではあるが、受け継いだ家督をここまで高めている。江戸の末期に近いころの活躍とはいえ、微禄の家に生まれて御目見以上の地位についたことは、努力に加えて能力もちあわせていた人と思われる。

三　父清兵衛

父清兵衛と著作

郁之助の父は、通称を清兵衛、実名は顕道、号を香宇《こうう》または迂軒《うけん》と称した。書き物を多く残した。「香宇《こうう》叢書」百余巻、「迂軒雑綴《ざってい》」十冊、「迂軒又綴《ゆうてい》」六巻、「牧民金鑑」数十巻を残したという。これらは日記の類から家訓の書きおきなど、一般の家庭にもよく伝わっているものも含まれている。このなかで、「牧民金鑑」は原著というべき著作ではないが、昭和になって評価の高い編さん作業であることが明らかになった。

父永々御目見に昇進

父清兵衛頴道は、幕府の行政官として祖父に劣らず昇進をした人である。一代限りの先代の地位は受け継ぐことはできないので、小普請方手代から勤め始めたと思われる。昇進を重ねて小普請方となり、弘化元年（一八四四）郁之助が九歳のとき、永々《ながなが》御《お》目《め》見《みえ》以上になっている。永々がつくと、本人も、子孫に伝える家格も御目見以上になったということで、一家は湯島から浅草鳥越三味線堀に転居することになった。今の台東区蔵前通りに面し、鳥越神社の西側いったいの敷地で、そこに屋敷を新築した。郁之助手記によると、組屋敷とちがって隣家は一万石、向いは三万石の大名の住居で、郁之助にとっては近所の友達と遊ぶこともなく、武芸の鍛練と古典教養の勉学に明け暮れる生活がはじまった。

父代官に昇進

嘉永二年（一八四九）になると頴道はさらに昇進して代官の地位についた。手記によれば、奥州棚倉《たなぐら》（福島県東白川郡棚倉町）の六万石余を支配するようになったとしている。「荒井頴道略伝」はこの記述を補足して、棚倉近辺の浅川と塙《はなわ》村に陣屋をおき、近隣に散在し

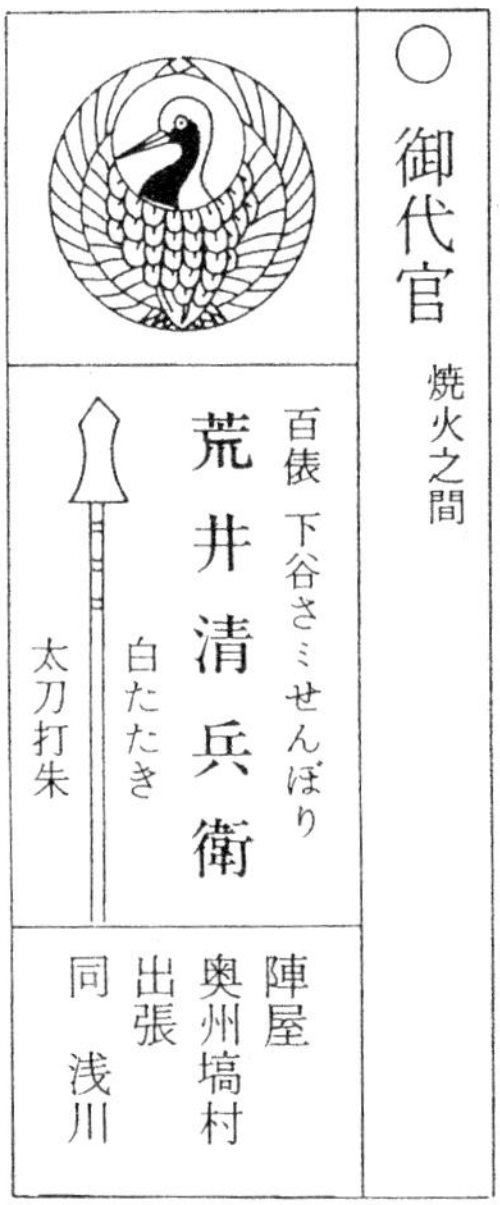

荒井清兵衛紋所
（『江戸幕府代官史料』より）

た幕府の領地を江戸在住のまま治めていた代官職であると指摘している。二百五十坪の旧屋敷に百五十坪の隣家の敷地をあわせて、あらたに拝領屋敷として代官役所が建てられた。手記の記述では、登城のとき侍一人、槍持一人、挟箱《はさみばこ》持一人、袋杖《ふくろつえ》持一人、合羽籠《かっぱかご》持一人が付き添ったという。格式を重んじる当時のことだが、「今より考へればじつに仰山《ぎょうさん》なるものなり」というのが郁之助が残した感想である。

父甲州に支配所替え

翌年の嘉永三年、郁之助が十五歳のとき、父顕道は甲州に八万石の代官として支配所替えになった。郁之助を弟の成瀬善四郎のもとに寄宿させて江戸にとどめ、学問所に通わせた。これから十年間父顕道は江戸を離れ、幕府の地方官として各地に赴任することになる。郁之助は十代の後半を父と日々接して生活をすることはなく、教育は二人の叔父の世話になった。

赴任地市川大門《いちかわだいもん》（山梨県）での顕道は、長く地元民の記憶に残る善政をしいたようであ

父奥州桑折へ支配所替え

る。市川大門の人びとは、のちに代官荒井清兵衛を賛えて、地元の一宮浅間神社の境内に祠を建てた。赤松の林のなかの小さな木造建築は、その後風雨による老朽のため現存しない。しかし昭和五十三年には石碑が建てられ、今も江戸時代の地方行政官の遺徳が賛えられている。石碑には「荒井清兵衛顕道之生祠」と刻まれ、また社殿には額を掲げ、生祠の起源を記している。それによると、顕道は、安政元年（一八五四）の東海道沖大地震のときにおこった富士川洪水による壊滅的な被害に遭遇して、幕府のおとがめを意に介せず身を犠牲にし、代官所の御用金を流用して村民を助けた、と賛えている。

父顕道碑

　顕道はこののち嘉永七年夏、市川大門から奥州桑折に支配所替えとなった。手記によると、赴任の途中いったん江戸の家にたちより、秋も半ばのころ奥州に出発したと述べている。大地震が市川大門を襲ったのは旧暦十一月四日、新暦では十二月二十三日で、もう冬である。顕道はすでに桑折に赴任していたはずである。社殿の額が説明する顕道の行為は、実際にはその実務は実行しがたい。本書では、社殿の額に書かれた生祠の起源は、ただ荒井清兵衛顕道の善政を賛えたものとうけとめ、その内容の真否は問わないこととする。

桑折の代官所に赴任した顕道は、十万石余の幕府直轄領を支配する代官となった。次に江戸に帰ったのは万延元年（一八六〇）で、千住より北の関東を支配する代官を任命され、馬喰町の郡代屋敷にある役宅に落ち着いた。今の日本橋馬喰町で、大名の江戸屋敷よりはるかに大きい屋敷の住人となった。しかし顕道は長寿ではなかった。翌々年の文久二年（一八六二）に麻疹（はしか）が流行し、郁之助の長男とともになくなった。四十九歳であった。

この時期がちょうど皇女和宮《かずのみや》の御降嫁の行事のあったころにあたることから、滝川政次郎氏は、顕道は京から下ってくる公家衆の宿泊のための伝奏屋敷の修繕、調度の整備などの準備と接待の大役に忙殺されていたものと推定している（「荒井顕道略伝」）。過労とはしかの流行が急な病死となったのであろう。手記はその日の顕道を、「例のとほり机に向ひて荷蘭書《オランダ》の地理など見給ひありしに、……」と記している。父顕道は公務の多忙なおりに、死の床に就くまでオランダの地理の本を読んでいる。荒井家は蘭学の専門家ではないが、父の代からオランダ語の本を読みこなし、西洋の知識を吸収していた。

「牧民金鑑」

滝川政次郎氏によれば、「牧民金鑑《ぼくみんきんかん》」全巻は、甲州赴任中の嘉永六年（一八五三）七月に完成したとみている。この大著の内容は、当時の代官の行政に必要な執務事項をもりこんだ法令集であり、行政実務便覧といったものである。正しくは著作というよりは編さんというべきもので、同氏は法政史の立場から、この仕事の特徴を法令の収集と資料の選択に意が用いられていると述べている。

父がまとめあげた大著「牧民金鑑」のその後の所在について、行政官の父とはちがった道を歩んだ郁之助が「荒井家伝記」に記した理解は、多少、事実とは違っている。郁之助は、父の遺した書き物「牧民金鑑」は、その一巻と二巻を残してほかはすべて散逸または焼失してしまった、と惜しんでいる。一方、郁之助自身は、明治の初めの数年を箱館戦争と二年半の獄中生活のため、家に落ち着くことはなかった。その間、徳川氏の新封地静岡に転居した家族は、この「牧民金鑑」を徳川家の文庫に献上している。その後、顕道自筆のものは行方不明のままだが、写本が新政府の図書の係りに献上された。

筆写は幕臣の塚原周造《つかはらしゅうぞう》で、郁之助が晩年ともに造船所を経営した人だが、新政府への献上は郁之助には連絡なくなされたものであろう。献上ののちは、かつて荒井顕道の手代を勤めたことのある、後の郵政事業の生みの親前島密《まえじまひそか》などの目に留まり、新政府の大蔵、内務の省の幹部によって用いられたと滝川政次郎氏は述べている。どのようにして筆写され流布したかは不明だが、現在内閣文庫ほかいくつかの図書館に収蔵されている。「荒井家伝記」に書き留められた郁之助の残念さは、実は、解消していることになる。

代官の著作『かくあるべし』

手記には記されていないが、『かくあるべし』という江戸期の版本がある。内容は、庶民の生活の在り方を示した修身のようなものである。『国書総目録』(岩波書店)は、「牧民金鑑」の著者荒井(清兵衛)顕道とは別の荒井清兵衛の項目を立てて掲載しているので、郁之助の祖父の精兵衛(清兵衛)ではないかと思わせる。しかし、この書物(武田科学振興財団杏雨書屋所蔵)には年代も著者名も見られず、御代官荒井ぬし(主)の書いたものを刊行したということのみが読みとれる。代官といえば郁之助の先祖のなかでは父に限られるので、『国書総目録』の両清兵衛は同一人であろうと思われる。今後の調査が必要であるが、父荒井顕道は書き物をよくした人であることを傍証する資料となる。

第二　武家の教育をうけて

一　漢籍の素読

武家に生まれると儒学を学ばなければならない。幕府の旗本の子弟には、湯島にある昌平坂学問所、いわゆる昌平黌《しょうへいこう》で儒官がおこなう素読吟味や学問吟味などの、いまでいえば学術検定試験がまっている。西洋の新しい科学技術が目の前に輸入される時代になっていたが、儒学の学習は素通りが許されない武家の義務教育であった。そのためには、誰か先生を求めてかようのが習わしであった。郁之助は隣家に住む六笠弘太郎という人につき、七歳のとき漢籍の素読をはじめた。平素二人の叔父が付きあっている人で、郁之助の父はこの人に漢籍を教えたことがある。隣同士が親子で教えたり教えられたりする間柄であった。素読は、漢籍の「大学」と「中庸」などを読本にして、ひたすら音読をするのである。毎朝隣家にかよってくり返し練習をした。在宅の家庭教師に生徒の

素読に苦労

昌平坂学問所（東京大学史料編纂所蔵）

方からかよい、郁之助の儒学の勉学がはじまった。

八歳になると、学問所勤番組の内山孝之助という先生に入門し、日々私宅にかよって素読の指導をうけた。直接学問所にはかよわないが、昌平黌の先生の私塾に入門して基礎教育を履修した。祥雲寺の石碑は、父母の紹介に続いて郁之助の幼年期を、「幼にして穎悟《えいご》、学を好む。やや長じて昌平黌に入り、かたわら武技を修む」とまとめている。

ところが郁之助は素読を好きになれず、母よりさらえさらえと言われるのが嫌であったと述べている。日々、論語、大学、中庸のおさらいが日課の生活について、石碑の記述とはちがい、幼いころは学を好むようではなかった。十二歳でようやく四書、五経、小学をすましたとはいえ、自身をなかなかの怠けもので、また素読の一部を忘れることもあって、毎晩父の机のもとで復習を続けていたなどと、つつみ隠さず話している。読めないところには付箋紙《ふせんし》をはり付けて仮名をふり、母に世話をやかせたすえ、やっと十三歳の暮《くれ》に学問所で行われる素読吟味に合格した。叔父景蔵は十一歳でこの素読吟味を済ませたと母から聞かされながら、学問について特に秀でた能力を示すこともなく、初等教育の過程をすませた。この時期のことを、叔父景蔵の友の来宅のおりなどにたまたま爪を揚げていて、それを何となく心恥ずかしく思い、急いで仕舞いいれて挨拶にでるようなことをしていたと、いつまでも子供遊びから抜け出せなかった少年時代を率直に書きとめている。ここには、生来の性格や資質を飾ることなく述べており、生涯をふり返って手記をまとめたときの心情が読みとれる。

叔父矢田堀景蔵

十一歳で素読吟味を済ませた叔父景蔵は、郁之助の父顕道がまだ江戸在住のころから、長男郁之助の学問の世話を依頼していた人である。学問については郁之助の親代わりの立場にあった。学業に秀でた人で、昌平黌では塚本桓甫《つかもとかんすけ》、田辺太一《たなべやすかず》とともに三才子と称されたという。

荒井家の三男に生まれた景蔵は、右筆《ゆうひつ》の職にあった矢田堀又蔵《やたぼりゆうぞう》の家督を継いだ。このことについて滝川政次郎氏は、特別な地位にある奥右筆ではないことから、家禄は百俵から二百俵で、若年寄《わかどしより》のもとに仕えた職であろうとし、たいした栄職ではないとみている。しかし、学業に秀でた景蔵は、オランダ海軍を教師団とした長崎海軍伝習所では、伝習生でありかつ幹部に任命され、初期幕府海軍でその技術は第一人者とみなされていた。オランダ海軍第二次教師団団長カッテンディーケはその滞日日記のなかで矢田堀景蔵らを誉め、「私が矢田堀その他の士官のなすことから見届けた感じは、彼らが前記オランダ海軍教育派遣隊の教育の名を辱めなかったということであった」(『長崎海軍伝習所の日々』〈発行年、発行者の表示のないものは参考文献を参照〉)と感想を残している。矢田堀景蔵は、西洋の科学の学習についても、郁之助の身内にあって教師役を果たした。

成績乙の素読吟味

叔父景蔵より二歳おそく素読吟味に合格した郁之助の成績は、かならずしも上位ではなかった。素読吟味の合格者には賞品が授与される習わしであった。郁之助のころは、甲乙の成績に対して、甲は丹後縞三反、乙は二反であったという。郁之助はこの吟味をひかえて、三カ月ほど内山先生宅に泊まり込み、丹後縞二反を拝領して漢籍の素読課程を乙の成績で終えた。意味の理解をすることもなく、ただ古典の漢籍を音読のためにひたすら丸暗記をする。ただそれだけを学習の対象にした教育は、郁之助にはよほど面白くない勉強であったらしい。しかし、この少年期の大きな行事をすまし、内山先生からはお祝いに聯珠の本をもらって楽しみ、母からは勉強々々と苦言を聞くこともなくなり、ほっとしたというのが郁之助の感想であった。素読吟味に合格すると、先生へのお礼に、一年ほど塾生の相手を勤めた。

漢籍の素読にくわえて書道も先生について学んだ。十五歳になって、素読吟味の教師役を勤めた隣家の六笠弘太郎に連れられて、関雪江《せきせっこう》という書家をたずねた。書道についてはただこのことを述べているだけだが、書として習う以外に、蘭書の翻訳「舶砲新編《はくほうしんぺん》」の書き写しをしている。文字を書くことの訓練は、こうしてほかの勉学のなかで修得する機会もあった。しかし、これまでの学習には、四則演算を教える算数や自然科学などの実学はなかった。武家の教育は意識して実学をとおざけてきたふしがある。郁之助の場合も、後に洋学を学ぶまでは儒学を学ぶことが教育のすべてであった。

二　武芸の稽古

武芸を好む

漢籍の素読がすむころ、体格も整い、次に武芸一般を修めることになる。郁之助は、十二歳のとき石川瀬平治《いしかわせへいじ》という直新影流《じきしんかげりゅう》の先生につき、剣術から習いはじめた。二と

弓馬槍剣砲にはげむ

七のつく日が剣術の稽古日で、下谷御徒町にかよった。稽古道具をそろえてもらって大悦なりといっている。素読とちがって武芸には楽しい記憶をいくつも残している。少年時代の郁之助は、机について書物を読むより、体を動かす武道のほうをより得意としていた。つづいて、弓術の先生鵜殿《うどの》十郎左衛門という人の門にはいった。流儀は日置流《ひおきりゅう》伴道雪派《ばんどうせっは》と書いている。こちらは、一と六のつく日にかよい、いずれも五日に一度の練習であった。

武芸は種目がおおく、稽古日を割りふると自由な時間は残りすくなくなる。馬術も習わなければならない。神田橋に住む渡辺半十郎という幕府の御馬方の役宅にかよった。流儀は高麗流《こうらいりゅう》八条家で、実技にあたっては木馬の稽古からはじめている。四と九の日の午後を馬術の練習にあてた。同じ日の午前は槍術で、新《あたら》し橋にある対馬守屋敷の向横丁に住む勝顕三郎《かつけんざぶろう》という先生の自宅のもとにかよった。流儀は宝蔵院流と記している。新し橋は今の美倉《みくら》橋にあたる。下谷御徒町も神田橋も、また新し橋も、いずれも蔵前橋通りに面した浅草鳥越三味線堀から数キロの距離にある。このくらいの行動半径で、方々に出向いて武芸の練習にはげんだ。

五日で一周期の予定をたてた生活で、残る二日のうち一日は荻野流の砲術を御手先組の与力《よりき》高木茂左衛門のもとに入門した。稽古日は、三と八の日である。これで五日に一日の休みをいれて、日々武道の稽古が割りふられている。教科の素読はたまに休みもあったであろうが、日々かよったというから、半旬ごとくりかえす生活はおおよそ忙しく、日々武芸と教科の勉強が割りふられていた。時間割りの詰まった生活であった。

このように、神田川下流の近辺を方々所をかえて忙しく武芸の稽古ごとをし、それをおのおのの流派について詳しく手記に記している。おそらく、武芸にはかなり熱が入っていたものと思われる。昌平黌にかよいはじめてからは、「十五歳より十六、七歳までは弓馬槍剣砲の稽古に忙しく、その間には学問所御二階に行き輪講解読等のほか、他事なかりき」と書いているように、武芸の稽古にはげみ、その合間に学問所にかよって日々を過ごしていたという説明である。

武芸を楽しむ

武芸のなかにあって、砲術は西洋の科学技術を導入した武道で、これには郁之助はおおいに興味を示している。手記の説明は、「突きとは木砲を構へたる体勢に突掛り来るを受け止め、その体を固むるなり。押しとは……激動に堪ゆるための稽古なり。角打をなすもなかなか当たりよくて面白かりし……夏季には徳丸の原、大森の町打、佃島沖にては、合図を打揚ることなどはもつとも面白く、何も彼もうち忘れてそれにのみ掛れる程なりき」と、屋外の活動はよほど楽しかったようである。さらに槍術についてもかなり力を入れていた様子がうかがえる。

また、槍術と剣術はともに寒稽古が行われるとそれに打ち込み、三十日続けて毎晩あるいは毎朝練習に参加したという。夏になれば、また三十日間続く稽古に参加している。そしてこれらのことを、「いづれも身体を働かせ家に帰りしはここ地よきものなり」と述懐している。体力には自信があり、また自信をえたようである。漢籍の素読をしているかぎり、郁之助は勉学にはさほど興味をもたず、もっぱら武芸に自分の能力を示していた。この武道の練習は、後年、箱館戦争と入獄に堪え抜き、さらには数年にわたって未開の地北海道で測量の実務をこなす体力を培ったとおもわれる。

三　叔父宅に寓居

父母と別居

父顕道が地方に赴任したのは、郁之助が十五歳から二十五歳までの十年におよんだ。その間父顕道は、ある時期は郁之助一人を、また別の時期には郁之助と祖母と叔母の三人を江戸に残していた。郁之助は一人で江戸にとどまっていたときは、叔父成瀬《なるせ》善四郎《ぜんしろう》

武芸に秀でた叔父善四郎

の家に身を寄せていた。

その時期について郁之助の記憶はあいまいで、いつ成瀬の家で生活するようになったか明記していない。また父や家族の住居の移動の年月には記述の混乱がある。ただ、成瀬の家の生活について、郁之助が十九歳のとき父顕道が甲州から奥州に支配所替えになり、一時江戸に立ち寄り奥州にたつときを回想して、「見送り参らする人々は、成瀬、矢田堀の両伯、……など知れる人々にて、余は千住より進みて草加までも見送り参らせし。此度は帰るにも家ありて、蕙心院《けいしんいん》の君、よの子の君家に居らるるをもって、成瀬の二階に帰るよりは大いに異なれり」とある。この文面は前後の時期全般の時間的な記述の整合がとれている。したがって、善四郎が郁之助を預かった期間は、父顕道の江戸不在の前半の期間で、甲州に赴任していた時期であろうと推定される。

その時期はもちろんのこと、郁之助の教育のうち武芸については、もっぱら善四郎があたっていた。手記は、「成瀬伯《(ママ)》父君に連れられて馬術の先生御馬方渡辺半十郎に門入す」という形式の表現がほかの武芸についてもくり返し語られている。武芸については、叔父善四郎の影響のもとに育ったものと思われる。あるとき、善四郎が剣術の流派を直新影流から心形刀流に代われば、郁之助もともに代わっている。善四郎自身はもちろん武芸に秀でており、この時期に郁之助を弟子入りさせた弓術の師範より門人すべてを譲り受けることもしている。郁之助にとっては、叔父を直接武芸の師とすることになった。しかし、郁之助が直接武芸の指導を善四郎から受けたという記述はみあたらない。

叔父の養子先の家に住むことは郁之助にとっては生活の窮屈さや、うちとけない寂しさがあったようである。手記では、成瀬の家の生活を厭《いと》った記述が再三みられる。「余は独り取り残され成瀬伯父君の二階に引き移り……」ともらしている。また、父顕道が郁之助をのぞくほかの家族をともなって甲州からもどり、つづいて奥州に向かうとき、郁之助のほかに祖母と叔母を江戸に残してたったが、「此度は帰るにも家ありて、……成瀬の二階に帰るよりは大いに異なれり」と、父母と離れて生活することの心寂しさをいろいろに綴っている。このように、「荒井家伝記」は少年時代の心情を隠さず述べている。

ここで、叔父成瀬善四郎のことであるが、荒井精兵衛の次男に生まれ、御勘定成瀬藤右衛門を養父としてその家を継いだ。成瀬家は、善四郎の兄顕道が後に出世するまでの荒井家に比べて門地はやや高く、幕府の大きな組織のなかで顕道の引き立て役となって昇進に力を貸したであろうと滝川政次郎氏は推測している（「荒井顕道略伝」）。門地にやや違いのある婚姻には、それだけに門地の低い方の本人の資質にどこか優れたところがあったであろう。

遣米使節団の成瀬善四郎

善四郎の幕府での役職は、外国奉行支配組を勤めた記録が残っている。安政七年（一八六〇）に幕府が日米修好通商条約批准のため八十一名（七十七名の説あり）の使節団を米国に派遣したことがある。新見豊前守《しんみぶぜんのかみ》と村垣淡路守《むらがきあわじのかみ》がそれぞれ正副使節をつとめ、成瀬善四郎は外国奉行支配組頭として参加した。そのときサンフランシスコの新聞に掲載された一枚の写真が善四郎の風貌を伝えている（田辺太一著『幕末外交談』、明治三十一年、冨山房）。正副使節のほか、監察、会計、組頭の五名が正装して居並んだもので、成瀬善四郎の魁偉でかつ端正な風貌がひときわ目立つ写真である。

しかし善四郎は、幕末を迎えて弟景蔵のように新時代につながった分野で活躍することはなかった。むしろ幕府の過去の遺産を守る側にあった。弓術の師範鵜殿十郎左衛門が幕府講武所に取り立てられ、道場の世話をだれかに譲らねばならなくなった。そのとき鵜殿は郁之助らの青少年を集めて、弓術はすでに無用のものになったので、それに代って小銃をもちいるべきだと説いた。ところが、この道場を受け継いだのは善四郎であった。他家に養子にいき家禄を守る責任をおっていた立場から、洋学を積極的に受け入れる側にたつことはときに困難であったと思われる。まだ誰かが弓術の師範を勤めねばならず、善四郎としては、武家社会の教育内容が急に一変するような立場はとらなかった。郁之助の教育の半分は、このような社会的位置にあった叔父から受けている。

渡米のみやげ「米国海岸測量報告書」

しかし善四郎は、郁之助の維新後の活動の原動力となったと考えられる新しい西洋の技術を郁之助に紹介している。使節団の帰朝にあたって、「米国海岸測量報告書」と絵図引道具一箱を郁之助に持ち帰った。これは、後に郁之助が、日本の近代測量術に先駆的な業績を残すきっかけになり、また、測量事業の確立に貢献するもとになったと思われる。

四　武芸学問の吟味

学問と武芸の試験

五年ごとに行われる学問武芸の試験をうけて、優れたものはその身分におうじて書院番、小姓、大番、新番、小十人の職につき、番士として任命される制度があった。このときの試験を吟味と呼んでいる。郁之助の手記によると、学問の吟味は四年ごとにあるとも書いている。四、五年ごとにまとめて行われたのであろう。この番士になることを芸術御番入といい、その願いを出すためにはまず元服をしなければならない。郁之助は、一般の年齢より一年早く十四歳で元服を済ませた。

武家の元服の儀式は、生涯を振り返って、かなり大きな人生の節目であったのであろう。結婚についてでは、ただの一行しか書き記していない手記に、詳しい説明を残している。前髪を剃り元服名をもらう一連の儀式には、烏帽子《えぼし》親をたてなければならない。それを槍の先生勝顕三郎に依頼し、顕徳の名をもらった。父の顕道と烏帽子親の双方から顕の字をもらっている。この名前はのちに顕理《あきよし》と改めたが、碑文は諱《いみな》を顕徳《あきのり》としている。またこのころ、通称の幾之助を郁之助に改めた。郁之助は後に歌を好んで詠み、また書き残しているが、その習慣は烏帽子親よりうけたのではないかと思われる。お祝には扇子に短冊一葉をもらい、手記は烏帽子親を紹介して、前田友陰の門人で歌をよく読み、また手跡が見事な人と付記している。

旗本格の家を継ぐ立場にあった郁之助は、元服をすますと、時の将軍に御目見《おめみえ》をすることとなる。当時の将軍は第十二代家慶《いえよし》であった。登城のときの供は父親にならい、江戸城は山吹《やまぶき》の間の上の座で御目見をすましたと記している。その後、老中、若年寄、勘定奉行などにお礼の挨拶に回った。そのときのことを、「門番お客と言って門を開く。

玄関に到れば、取次の者出づ。これに名刺を出し、御目見あひすみ御礼とて帰るなり。初めて、かくのごとき供を連れて大名の門を開かするなどは、なかなかに心地よきものなり」と、ここの記述もまた率直な書きぶりである。後日、あえて自分を平民と呼ぶことになる郁之助の姿は、まだみられない。

武芸の下吟味

吟味を受ける前には、まず下吟味を受けなければならない。郁之助は、武芸は下吟味についても丁寧に書き残している。勘定奉行による下吟味は、三番町の馬場、今の靖国神社の場所で行われたことを、次のように述べている。弓術は、三十間の大的六本射をみな的中させ、十八間離れて尺的を狙う四本射と大早抜き三矢も上出来であった。馬術は、弓の鵜殿先生の馬を借りて、槍術と剣術はそれぞれ先生の受太刀に対して形三本の攻め込みをして、これらはいずれも「御好み」を得たといっている。形が決まったところで、吟味役が御好《おこの》みとでも声をかけたのであろう。砲術は空打ちであった。下吟味についての感想は、「弓は当たらざれば御好も出でず、馬もどこか気に入らざれば御好も出でざるに、幸ひにして弓も馬も上出来なれば、何れに行きても上出来なりとしてもてはやされたり」と、成果に満足している。

武芸の吟味

郁之助は、数え年二十歳のときに武芸の吟味を受けている。吟味役は、下吟味のときより役職が高く、若年寄である。郁之助は、かねてから弓術には自信を持っていたといっている。ところが、御目付の見分のときには巧くやりとおしたのが、本番の若年寄衆の前で失敗をしている。「第一の矢のカチリと大なる音立てて合束《あいたば》に的中したるに驚き、二の矢を放つとき考へ過ぎ、あまり下をねらひたるため、的に達せずしてずるほんとなり、三の矢は右の下、四の矢は右の上に外れて大恥をかきたり。実に意外のことにて残念かぎりなかりけり」と、悔しさをそのまま手記に残している。つづいて日本流の砲術荻野流は二発とも的を射たが、西洋流では借り物をつかって的を逃している。このほか、馬術、剣術、槍術ではいずれも御好みを得ている。馬術は、渡辺先生の弟丈之助の世話をほめて、借りた馬の下乗《したのり》をしてもらったのがよかったと、青年時代の回想においても、人を立てることを忘れていない。こうして芸術の吟味、すなわち武芸の試験を済ました。

学問の吟味

　学問の吟味について「荒井家伝記」は、「芸術の吟味終りて、学問の吟味あり。この時孟子の講釈と中庸の弁書をなしたり」と記して、武芸と学問の検定試験を終えたことを述べている。ここで、講釈は口答試問であり、弁書は筆記試験ということであろう。学問については、終始、郁之助の記述は簡単である。それらを集めてみると、次のような記述を読むことができる。

素読吟味を終えてのち、十四歳のとき叔父矢田堀景蔵に連れられて昌平黌の御二階入を始めた。ここでは、儒官のもとで漢書の輪読や解読がおこなわれた。そこで詩経の輪読に出席していたときは、毎晩父に下読みを願い、なんとか授業についていった様子を書いている。また、この当時をふりかえり、学問の吟味では「一花咲かせばやと思ひ」、このころよりしきりに弁書の稽古をしたと、はじめて学問への意欲を感じたことを述べている。叔父の家に下宿住まいをするころになると、「田辺に行き温史の会読をなす。この会読はもつとも漢学に進歩を与へたるものと思はる」と述べている。手記の文面からみて、十八歳をまわったころになるが、このころようやく学問にたいする自信がでてきたものと思われる。しかしまだ四書、五経などの吟味の結果は、力足らずで採点は丙をえて落第すれすれであったといっている。荒井郁之助は、青年時代の前半はまだ目立った才能を見せていない。オランダ語も英語も、高等数学もこのあとで学んでいる。

第三　幕府に出仕して

一　御番入の年

安政二年（一八五五）には、郁之助の身辺にいろいろのことが起こっている。初夏のころ妻を迎え、叔父矢田堀景蔵は、長崎に開所された海軍伝習所に赴任した。秋になると安政の大地震が江戸を見舞った。暮《くれ》には、当人はいよいよ御番入《おばんいり》、すなわち幕府の武士の一員として仕官する日を迎えた。そしてこの間、父清兵衛は家族の半数を連れて奥州桑《こ》折《おり》へ赴任中であった。

結婚

「手記」は、任地に赴く父の出発にあたり、送る人と送られる人、草加の宿まで見送りに行った人など、細かく書きとめている。しかし、私事である自分の結婚については、ただ「二十歳の首夏《しゅか》、御勘定石神彦五郎の長女慶子を貰ひて婚儀を整へたり」と、一行ほどで済ませている。結婚式に父母が奥州から一時江戸にもどったのか、どんな行事があったのかなど、何もふれていない。しかし郁之助にとっては大きな行事であったろう。父母が江戸不在の時のことだから、一連のことについて叔父一家の世話になったものと思われる。一方、碑文は、父母については冒頭に、妻子については最後に紹介しているが、郁之助の妻のことは、「元配《げんぱい》石神氏生むところの一男は殤《ゆ》き、一女は岩野氏に適《ゆ》く」、すなわち、石神氏より迎えた最初の妻による男子は若死にし、女子は岩野氏に嫁いだとだけ述べている。実家の氏と子供の数が妻に関する記述のすべてである。名前も書かれていない。これは当時のしきたりで、妻は公式には表に出ない立場にあった。なお、長男の死は七年後の文久二年（一八六二）のはしかの流行によるものである。また妻慶子は、一男一女を儲けて五年後に早世した。

つづく安政の大地震

　安政年間には大きな地震がいくつも関東方面を襲った。前年の安政元年におきた二日続きの安政東海地震と安政南海地震はともに大地震で、大津波も発生した。とくに、前者は富士川で洪水をおこし、市川大門では郁之助の父清兵衛の生祠の建立のもとになった。そして安政二年には、江戸はマグニチュード六・九の直下型地震に襲われた。震源地は江戸の真下で、七千人の死者がでた。本所、深川、浅草、下谷を中心に、倒壊家屋は五万戸に達した。方々で火災が発生し、郁之助の一族もこの震災を免れなかった。

罹災

地震が起こったときのことを、郁之助は次のように書き留めている。「この年十月二日大地震あり。……宅に帰りし夜の五つ頃なりし。未だ寝に就かず、燈下の机に向ひて通鑑綱目を見てありしに、突然四方物燥がしく、忽ち膝下より四五寸突き揚がりて震動を覚ゆるより、雨戸を明けて戸外に出て、蕙心院様、より子の君（よの子の誤植であろう）、おけいも皆出でたるに、安心して初めて地震なることを知れり。しばらくして四面火となり、震動は休みてはまた震《な》ひ出て、なかなかに室内にあるべくもあらず」と、地震発生時のありさまを記述している。当時の一家は、郁之助のほかは祖母を含めて女三人であった。まずは外へ避難することが大切であった。さすがに代官屋敷の造りは丈夫で、蔵の入口の屋根を壊しただけですんでいるが、親戚ではそれぞれ大事がおこっていた。父の不在のため、郁之助は一家の当主として大災難の後片付けにあたらねばならなかった。つづけてその時の処置を述べている。江戸は大正時代の関東大震災に先立つこと六十八年前に、それに匹敵する大災害に見舞われた。

本所にある母の実家が倒壊した。さいわい、皆生命に別条はなかった。長崎へ出張中の叔父矢田堀景蔵の留守宅では、養母と嫡子が二階で圧死している。叔母と幼女は、縁側を通って避難する途中で縁のそばに落ち、そこで助かった。翌日さっそくこれらの家に見舞におもむき、人形町通り、大阪町付近の惨状を目のあたりにしている。余震の心配をしたのであろう、地震のあと十日ばかり庭に畳をしいて生活したという。この年の十月二日は新暦の十一月十一日にあたり、雨こそ少ないが、霜の降りる季節であった。

百俵十人扶持で出仕

荒井家では幾多の散財をしたが、金銭のことはまだ俸禄をうけていない者の関知することではなく、郁之助は父の庇護を感謝してこの災害をのりきった。しかし、後に地理局で地震の業務にかかわることになるが、地震現象を体験したことは得難い経験になった。郁之助はこのあと日をおかずして、この年の十二月七日付で小十人組に御番入をし、幕府の武士として出仕することになり、百俵十人扶持を受けることになった。小十人組は、江戸幕府の職種のひとつで、二十人を一組として将軍の警護にあたった。小十人はもとは扈従人《こじゅうにん》と書き、いざというときに、直接将軍の側近に仕える武士である。とうぜん武芸に秀でていなければならない。ここで郁之助は、はれて幕府の武官となった。

御番入

御番入について郁之助は多少の説明をしている。かねてから受けてきた武芸と学問の試験の結果、それが良好であった者に御番入が申しつけられる。これは学問と芸術に出精したもの、すなわちそれを修めたものを任用する制度で、出精の度合いは三つにわかれ、学問芸術、芸術学問、単に芸術のみの出精とがあった。これはまた、成績の順位でもあった。ここに芸術とは武芸のことである。御番への採用には、武芸より学問の成績がより重視されていたらしい。この年には数十人が御番入をしたが、そのうちのわずか二、三人だけが学問芸術によく出精したという順位の成績を修めており、そこに郁之助ははいっていた。「吟味の節、余が講釈と弁書は上出来なりし事と独り喜べり」と郁之助は、ここに学問にたいする自分の能力をみいだしている。少年時代をふりかえり、むしろ武芸を好み、学問はやや苦手であったように自伝に書きのこしてきたが、試験に好成績をおさめたところで、学問についていくらかの自信を得たような表現をはじめて綴っている。このころから、後年、科学技術を中心にした活動につながる自信をのぞかせている。

将軍屋敷の警備

御番の仕事は、平素は、一日ただ座敷に詰めているだけの門衛のようなものである。江戸城の草花の間で、平常は五、六人が並んで座っている退屈な仕事であった。夜は十時に当番の交替をし、今度は廊下に出て寝ずの番をする。将軍屋敷の警備にあたるいわば近衛兵としての仕事である。これを十一組でおこなっているから、月に二、三度の勤めで百俵十人扶持を貰うことになる。このことについて郁之助は、「有難しとも何とも言はれぬものなり」と述懐している。幕府体制の特権のなかに身をおいている様子がうかがえる。御番入をしたその日は、老中、若年寄、勘定奉行などへ御礼回りを済まし、幕府の武官としての第一歩を踏み出した。

二　洋学の学習

外国語の修得

ペリーが四隻の軍艦で江戸湾に乗り込んだのは、二年前の嘉永六年（一八五三）六月であった。それ以来、海防に関して国をあげて議論が沸騰していた。しかし郁之助は、まだ平穏な日々を過ごすことができた。詰め込みの基礎教育から解放され、五種目の武道の稽古に毎日追われることもなく、日常の生活に時間的な余裕ができたようである。御番入を果たしたところで、郁之助の外国語の勉強がはじまった。後に、英語の翻訳についてはおおいに活躍をした人だが、現代の教育にくらべて外国語の入門はかなり遅かった。

江戸時代は、洋学の学習といえば蘭学で、オランダ語がその窓口であった。それがこの時期になって、あと数年すれば英語がオランダ語にとって代わろうとしていた。安政七年（一八六〇）には、日米修好通商条約批准のために大使節団がアメリカに渡った。そのとき福沢諭吉《ふくざわゆきち》がのちに公金の私的使用だと非難を受けるほど英書を買い込んだのは、洋

数学の学習

学の窓が急速にオランダ語から英語に代わりつつあったからである。その時の使節の一員成瀬《なるせ》善《ぜん》四郎《しろう》の郁之助への土産物「米国海岸測量報告書」は、もちろん英語で書かれている。しかし、教師について外国語を学ぶのは、この時点では、まだオランダ語であった。郁之助は、当代一流の蘭学者で蕃書調所の箕作《みつくり》阮甫《げんぽ》に入門し、日々文典の稽古をはじめた。数え年二十歳のことである。勤務と学習は並行しておこなわれた。御番の当番をはじめて一年あまりすると、築地に軍艦操練所が新設され、そこにも出入りするようになった。ここは洋学学習には唯一最高の施設であった。

郁之助の洋学の修得は、この築地の軍艦操練所における学習に加えて、私塾と仲間同士の自習であった。オランダ海軍の第二次教師団団長カッテンディーケから高い評価をえていた軍艦操練所頭取矢田堀景蔵は、航海術と西洋数学に長けていた。数学については、当時はほかに勉学の施設がなく、私塾が修得の場所であった。矢田堀はその私塾を開いていた。「手記」によると、郁之助はこの塾に出入りしていた長崎時代の矢田堀の従者塚本《つかもと》桓甫《かんすけ》と軍艦操練所の友人甲賀《こうが》源吾《げんご》とともに数学を学んでいる。その内容は、幾何、代数であった。公的な教室のない数学の学習であるから、塚本桓甫の家に行ってともに稽古をし、また甲賀源吾が郁之助の家にきて共に研究したとある。応用問題の演習や予習復習を共にしていたのであろう。
この共同学習について、郁之助は次のようにも語っている。のちに郁之助が寄稿した「甲賀源吾君の人となり」(『回天艦長甲賀源吾伝』)に、「余が家塾にゐること三年、共に高等幾何、高等代数、微分、積分等を蘭書につき講究せり。このころは海軍の教授も高等数学に至つてはその教科なく、また誰もその術を修むるものなきをもつて、原書につき自修するより外なかりしなり」と述べている。ここに自宅での学習を塾と呼んでいるが、甲賀源吾伝の著者は、「矢田堀の塾に入り航海術を学び、次に荒井郁之助の塾に入りて共に蘭書について高等数学を講究し、荒井と共に艦隊操縦の書を翻訳す。これよりまた英語を修む」と紹介している。自他共に塾と呼んでいるところから、数学を学びはじめて、ほどなく教えることができるほどの理解にたっしていたのであろう。ただし、先の郁之助の引用は、つづいて、みずから「その学の浅きを想像するに足る」と述べている。それも事実であったと思われるが、郁之助の後半生は、おのれの宣伝を表にしなかったことも考慮して理解すべきである。

英語の学習

幕府海軍の勤めに必要な洋学は、基礎教科に限ってみれば、数学のほか物理や化学があり、また、英語の修得も始めなければならなかった。しかし郁之助は、数学をのぞいては他の教科の学習については何も述べていない。後に数学の教科書の翻訳をするのは、その基礎知識はこの時代の数学の学習がもとになる。一方、実はかなり名目的な編さん仕事であるが、英和辞書を世にだしている。それだけの英語の学習をいつしていたのか、その時期がわからない。そのことを洋学学習時代についてみれば、先の甲賀源吾の伝記の著者が、「これよりまた英語を修む」といったのは甲賀源吾の英語の学習のことだが、郁之助の英語もここに始まったとみてよかろう。

三　軍艦操練所に入所

長崎海軍伝習所

築地に軍艦操練所が開所されるまえに、すでに長崎で海軍伝習所が開校されていた。これは、オランダ政府の進言によって設置された洋式海軍の訓練所であった。大洋を自由に航海できる近代的な艦船の運用は、一定の基礎知識を身につけた士官や乗組員の養成をおいてはない。それには、運航技術、製帆技術、蒸気機関の知識、造船術、砲術、軍事法規はもとより、地理学、天文学、高等数学、物理学、化学など諸科目の学習が必要であった。当面の措置として、まず、オランダからの出張教授の方式がとられた。練

観光丸模型（交通博物館蔵）

習用の軍艦は、オランダ政府よりスンビン号（異称スームビング）が日本政府に贈呈された。百五十馬力四百トンのコルベット・スクナー艦（平甲板・木造・洋式・数本の帆装マスト・一段砲装の軽巡洋艦）で、大砲六門を備えた外輪の蒸気船である。派遣教師には、この船の艦長ペレス・レイケン海軍大尉ほか二十二名があたった。伝習生側は、目付永井玄蕃頭《げんばのかみ》尚志《なおむね》を監理役に、矢田堀景蔵、勝麟《かつりん》太郎《たろう》らを学生長役に任命し、幕臣の第一回伝習生は計三十七名であった。こうして海軍伝習所が安政二年（一八五五）十二月に長崎の出島に開所した。これは、わが国最初の学校形式による西洋近代教育であった。同伝習所は三回の伝習をおこない、安政六年に閉鎖された。

築地に軍艦教授所が開所

長崎に伝習所がまだ開所されているとき、幕府は築地に自前で軍艦の練習所をひらいた。安政四年の春に、海軍伝習所で学んだ第一期伝習生たちは、長崎から江戸にスンビン号改め観光丸を回航した。これは、蒸気船による日本人のみが乗り組んだ初めての外洋航海であった。この乗組員が教官となって、四月には隅田川の河口勝鬨橋《かちどきばし》のたもとの講武所構内に軍艦教授所がおかれた。七月には軍艦操練所と改名して正式に開校した。教授方頭取は矢田堀景蔵が勤めた。ここで初めて郁之助が幕府の海軍にかかわることになる。

軍艦教授所へ出入り

郁之助は、はじめ小十人組の勤務のかたわら軍艦教授所に出入りしていた。しかし、しだいに生徒数が増え、教官が不足してきた。長崎で訓練を受けたとはいえ誰もがすぐ築地で教官として対応できるわけでもなかった。安政五年になって、長崎の伝習生のみの教授方を補うため、郁之助はまず世話心得に任命され、しばらくして教授方出役となった。当初は御番の勤めも兼ねていたが、のちに教授所の職務を専任するようになった。郁之助は長崎で学んだわけではなかったが、学問に適性があったのであろう。

外洋航海

安政六年になると、幕府は長崎の海軍伝習所を閉鎖し、艦船運航の修練はオランダ海軍教師団の手を借りないで、築地の軍艦操練所だけでおこなうようになった。この年の夏には、郁之助は朝陽丸による外洋航海の実地訓練にでている。朝陽丸はオランダ名をエド号といい、咸臨丸の姉妹艦で、前年オランダから購入された蒸気機関を備えた二百五十トンの帆装の軍艦である。勝麟太郎を船将として、日本の黒船による操練所生徒の実習航海であった。航路は、浦賀を出航し、下田、清水を経て伊豆の戸田《へだ》に寄港して江戸に戻っている。戸田には二十日間ほど停泊していた。戸田の港は、伊豆半島の西岸の君沢《くんたく》郡戸田《へだ》浦（現在の静岡県田方郡戸田村）にあって、小さいながら湾口を富士に向けた良港である。かつて、安政大地震による津波によって下田に停泊中のロシアの軍艦デアナ号が遭難し、その乗組員の帰国用の艦船ヘダ号を建造したのは、この港である。そのあと戸田港では、幕府の洋式帆船君沢《くんたく》形が建造されるようになった。このように、戸田は航海のほか造船の実習にも適した幕府の港であった。

郁之助はこの航海を勝麟太郎と共にすることができた。これは、当時まだ若輩の郁之助にとって記念すべき嬉しい出来事であった。そのことは率直に喜んでいる。それを、「この時勝君に親しく知らるる事となり、勝君もまた余を敬せらる事となれり」と表現している。郁之助の手記には、一般に自賛の記述は見られないが、ここでは勝麟太郎に尊敬の念を抱かれたと書き留めている。後年、咸臨丸による渡洋のときの勝麟太郎は、船には弱く対人的には癇癪持ちであったという評判を残しているだけに、この勝からえた尊敬の念は相手の郁之助の人物を誉めた言葉としてそのままうけとめてよかろう。もともと勝麟太郎は、幕府封建制度のなかで家格によって高い地位にある人に、かんたんに誉め言葉をかける人ではなかった。したがってこれは、郁之助が操練所の教科や航海術に長けていたことや、先進技術の導入についての知識や考え方に共鳴できるものがあったなどのことが、このように表われたものとおもわれる。郁之助の操練所教授就任がいつであったかは不明だが、早くから同所の教科の理解については、高い評価を得ていたと理解してよかろう。

郁之助は、蒸気帆船朝陽丸による航海を手始めに、軍艦操練所勤務のあいだにいくつもの船にかかわっている。なかでも蟠竜《ばんりょう》丸、千秋《せんしゅう》丸、順動《じゅんどう》丸、翔鶴《しょうかく》丸には直接乗り込んで、船上生活に多くの日時を費やしている。

四　江戸湾の測量

「内海浅深測量之図」

嘉永六年（一八五三）六月にペリーが浦賀に来航し、海岸防備の重要性がにわかに認識されるようになった。さしあたって幕府がとった措置は、水戸藩に命じた大船の建造、江川太郎左衛門らに命じた江戸内海の砲台の設置、大船の通路を選択するための沿岸測量の実施であった。この時できあがったのが「内海浅深測量之図」である。はやくも、その年の八月に完成している。しかしこれは、浜御殿から羽田までの沖合いの東京湾北西部について、大急ぎで測量したものであった。海上に立てた棒を原点とし、そこからの方向と距離を割り出して、満潮と干潮時の水深を並記したにわか作りの図である。

外国艦船の近海の測量

一方、当時日本近海に出没していた欧米の艦船は、すでに近海の測量を盛んにおこなっていた。なかでも英国の活動は、古くは文化十三年（一八一六）にアルセスト号が琉球近海を測量している。その後も英国の活動はつづき、明治にはいってからもおこなっている。フランス艦隊は弘化三年（一八四六）に薩南・トカラ群島の測量結果を残している。アメリカは、ペリーの二度にわたった来航のとき、下田、小笠原の母島、箱館、室蘭、琉球にくわえて、江戸湾のなかまで測量をしている。ロシアもプチャーチンがディアナ号で来航したとき、下田、戸田、江の浦、田子、阿良里を測量している。外国から艦船を買い集めた幕府にとっては、実用に耐える沿岸測量が急務であった。

江戸湾の測量

文久元年（一八六一）になって、幕府もようやく沿岸の測量に乗り出すこととなった。碑文はこのことにふれて、「文久元年、命を受けて江戸湾を測量す」として郁之助の業績を伝えている。この事業を指揮したのは、海軍伝習所の第一期伝習生として、すでに長崎港で測量の実習を受けたことのある小野友五郎であった。その測量技術については、咸臨丸の米国西岸までの航海をともにした赤松則良《のりよし》の半生談に、小野という人は当時すでに五十歳に近い有名な数学の大家で、測量術に詳しい人であったと述べている。航海の途上で、同乗の米国の士官ブルークと小野友五郎のそれぞれの天体観測値に齟齬《そご》があったとき、ブルークの誤算で決着となり、大いに名を揚げたという。江戸湾の測量にあたっては、軍艦操練所教授方小野友五郎の指揮のもとで、教授方手伝に荒井郁之助ほか一名、そのほか稽古人や絵師をともなって実務がすすめられた。乗り組んだ船は石川島製の君沢形スクナー（洋式の縦帆式帆船）であった（『咸臨丸航海長小野友五郎の生涯』）。このとき郁之助は、「米国海岸測量報告書」を読みながら、初めて水路測量の実務をおこなった。

郁之助の手記は当時の状況を、「城ケ島より始めて内海海岸を廻り、竹ケ岡にいたり房州館山辺は内海にあらずとて許されざれば、虚点にてその位置を定む。この測量たるやこれに用うる器械今日の如くならず、分間《ぶんげん》磁石六分儀位のことにして、不十分ながらも四月にいたり図なりたり。その一葉は今東京地学協会に保存しあり」と説明している。測量用磁石と六分儀をもちいているので、方位角と天体の高度角の測定ができるだけの器具はそろっている。水深の測定には、特別な用具は用いられていなかったのであろう。その説明はない。しかしこの図の存在は、これまで明らかではなかった。

「江戸近海海防図」

ところが、この時の測量の原図と思われる手描きの「江戸近海海防図」と明記した海図をみることができる（東京都立中央図書館蔵）。この図には、凡例を除いては、海図の諸要素の書き込みと地図の描画以外に、測量に従事した人の氏名も測量の年月も書かれていない。しかし、水深測定の記入場所をみると、城ケ島周辺からはじまって、浦賀水道、江戸湾内をおおい、房総半島西岸は富津市竹岡で終わっている。これは郁之助の説明にある、竹ケ岡まで測量が許可され、館山付近は内海ではないので測量の許可がおりなかったという説明に一致する。おそらくこれが小野友五郎・荒井郁之助らによる測量図であろう。

海防の実用に耐えるはじめての海図

この図は六万分の一の縮尺で、海上から見える森と山並みを添えて沿岸の地形を示し、海域は陰洲《いんしゅう》と暗礁のほか、遠浅の部分を色分けした五色描きの海図である。その図の上に水深が書き込まれている。水深や暗礁の情報は、沿岸を航行する船舶にとっては夜間の自動車の燈火のようなものである。幕府が誇った軍艦開陽丸も千代田形も暗礁に乗り上げてその使命を終わっている。当時は、座礁によって船命を終わった船は多い。いくら最新の船をそろえても、それを運用する人と必要な運行情報がそろわなければ安全な航海は望めない。このことは、目先の政治に追われていた幕府首脳人に、海軍伝習を請け負ったオランダ海軍が特に説いてきたところである。

この図と共に保存されているものに、「江戸近海測量図」と「東京湾並沿岸絵図」の標題のものがある。いずれも約四万分の一の縮尺で六色で描かれている。この二つを南北に継ぎ合わせると、先の「江戸近海海防図」とほとんど同じものになるので、同一の測量事業のなかでおこなわれたものであろう。当時の隅田川の河口は、佃島と並んだ越中島が、すでに陸続きになっている。また、海域で遠浅部分として色分けされているところは、現在はほとんど陸地になっている。幅十キロの浦賀水道は、現在の水深は四十メートル強だが、これらの図では七十メートルを越す数値もみられる。深いところの水深の信頼性は低いものと思わねばなるまい。郁之助が、不十分ながらもとことわっているのも、このあたりの事情を指しているのであろう。

にわか造りの「内海浅深測量之図」と、不十分ながらもできあがった「江戸近海海防図」を比べてみると、前者には外洋に通ずる海路の情報がなく、陰洲や暗礁などの記載がない。まだ、近代的な測量技術を用いて造った海図というほどには技術が到達していなかった。深いところの水深の精度は別にして、「江戸近海海防図」において、はじめて海防の実用に耐える海図ができたとみてよかろう。

五　外洋の航海

蟠竜丸の船将心得

江戸湾の測量は木造の帆船をつかっておこなわれた。次に郁之助が乗り組んだのは、六十馬力の蒸気機関とスクリューをそなえた三百七十トンのバーク型（横帆式帆船）軍艦蟠竜丸であった。原名をエンピロールといい、英国女王から幕府に寄贈されたものである。このとき郁之助は船将心得となった。初仕事は、駿河や伊豆で無許可で沿岸測量をしている英国船に中止の交渉をする外国方を乗せた航海であった。ついこのあいだ寄贈をうけた船で、その国の船に退去の交渉をするのも多少滑稽ではあるが、当時は、つねに日本の周辺で外国の艦船が活動しており、軍艦操練所は沿岸の防備に多忙であった。

小笠原諸島へ航海

文久元年（一八六一）の秋、郁之助は小笠原諸島へ航海の命令を受けた。暮の十二月二十八日に江戸を出て、途中で暴風雨に遭い、帰港は翌年の四月二十一日であった。ここできびしい外洋航海の体験をすることとなった。当時の日本近海は、世界的にみて最後に残った未測量の海域であり、多くの島が点在する伊豆、小笠原諸島への航海は、大洋の真ん中よりかえって危険である。小笠原行きは、海図も天気図もない危険な航海であった。郁之助は、この航海にあたって金二枚と時服二着を賜っている。領有権のはっきりしない南海の孤島に家臣を派遣するにあたって、将軍が家臣に賜った餞別である。季節の着衣を下賜する習わしがあったのであろう。

当時、欧米では捕鯨産業が活発であった。鯨油から、潤滑油、灯油、ローソク、薬品など多くの生活用品が製造されており、アメリカの捕鯨は国の主要産業になっていた。はじめ大西洋で鯨を追っていた捕鯨船は、十九世紀の中頃には日本付近までやってくるようになった。鯨を追って何年も外洋を航海する捕鯨船にとっては、小笠原は中継基地として格好の島であった。日本に対する開国の要求は、商業活動の進展はもとより、漁業を支援するための政策も含まれていた。ペリーは最初に日本を訪れたときに、すでに小笠原諸島に立ち寄って領有宣言をおこなっている。幕府としては、かつて移住者を派遣したこともある島だけに、米国の領有宣言に対して、ここに小笠原の領有権を主張し、島を測量して、改めて住民を送る態勢をととのえなければならなかった。こうして小笠原諸島への派遣が計画された。

千秋丸で小笠原へ

派遣にあたっては咸臨丸が選ばれた。島の領有問題の担当には外国奉行水野忠徳、外国奉行支配調役並《しはいしらべやくなみ》田辺太一《やすかず》ほか、すでにアメリカの居住者がいることから、通訳として通弁方中浜万次郎が加わった。万次郎は、かつて海難にあって米国の捕鯨船に救助され、その地で教育を受けたのち、ジョンの名で捕鯨船に乗り組み、ボーニン・アイランドこと小笠原諸島の父島に上陸したことがあった。測量には、当時の第一人者軍艦頭取小野友五郎のほか塚本桓甫や松岡磐吉の名前がみられる。いずれも長崎の海軍伝習所で高等数学や測量術を学んだ人たちである。このときの郁之助の任務は、別に輸送船千秋丸に乗り込み、移民事業のための食料と資材の運搬であった。千秋丸は、原名ダニエル・ウエブスターという米国製の船で、二百六十三トンの横帆型三本マストの帆船である。

暴風雨に遭遇

この外洋航海は、咸臨丸が文久元年十二月三日、千秋丸は同月二十八日に江戸を発っている。しかし両船は、いずれも計画どおりの航海はできなかった。咸臨丸は、当初、八丈島で移住者を乗せて南下する計画であったが、予定どおりには八丈島に着くことができず、計画は変更された。千秋丸の計画はさらに大幅に変更された。江戸を出て浦賀で舵《かじ》の修理をし、伊豆西岸の田子浦に一カ月停泊した。郁之助の記録と、共に小笠原渡航の命を受けた甲賀源吾の記録によると、千秋丸は、まず伊豆半島南端に近い妻良《めら》浦と田子浦に寄港し、そのあと暴風雨に遭い、綱具を損なって紀州の大島まで流され、そこで一カ月を費やしている。この航海の出張命令とでもいうべき「千秋丸小笠原島回航の用向」と記した文書によると、帆綱具に問題があるかもしれないので取り替えて行くようにと書かれている。この船は一八五一年製で、十年の船齢のものを購入している。アメリカの古い船で、あらかじめ予想されていた損傷がもとで難航している。当時の日本は欧米諸国の中古船の格好な市場であったことがわかる。

千秋丸が父島の二見港に入港したのは、四月一日であった。咸臨丸はすでに測量を済ませて、それを「小笠原嶋総図」としてまとめ、本土に帰港したあとであった。千秋丸は、父島二見港に九日停泊して、四月二十一日にやっと江戸に帰港した。幕府海軍がこの遠洋航海で学んだのは、正確な測量図と熟達した航海術の必要性、それに強風にも打ち勝つ推進力を持った汽船の整備であった。甲賀源吾は、この渡航のとき停泊した港町と航海の状況を書き残している。その記録のなかに、黒潮を横切ったとき、微風でも一日に十里も流されたと計算し、これを黒瀬川と呼んだ。郁之助のほうは、この渡航については暴風雨に遭ったことを除いて、特に書き残していない。しかし郁之助にとっては、後年、気象事業の必要性を説く最初のきっかけとなったものと思われる。

六　家督の相続

三百俵十五人扶持の家督相続

軍艦操練所が築地に設置されて五年目の文久二年（一八六二）九月、郁之助は軍艦操練所頭取の職務につき、三百俵十五人扶持の禄を得た。数え歳で二十七歳のときである。これは、先月、関東代官の父清兵衛が亡くなって、その家督を継いだことによる。父は代官としてより高い禄を受けていたが、受け継ぐ家督は清兵衛が永々御目見以上になったときに賜ったものである。

この二年ほど、郁之助の周辺には冠婚葬祭がたてこんでいた。万延元年（一八六〇）は、一月十五日に長男左衛門の誕生で明けた。叔父成瀬善四郎が遣米使節として、米軍艦ポーハタン号で品川を出航したのは正月の二十一日である。九月十一日には妻慶子を亡くしている。遣米使節の帰航は同じく米軍艦で、巨艦のナイヤガラ号であった。品川投錨は九月二十七日となっている。そして、父清兵衛が奥州桑折の代官から関東の代官に支配所替えになったのが、この年の暮である。千住以北の関東を管轄する代官への昇任であった。荒井家は、神田川の南側川沿いの御役宅、馬喰町郡代屋敷に引っ越した。現在の、日本橋馬喰町二丁目付近で、一万二千平方メートルの屋敷であった。三味線堀の屋敷は、おそらく返納されたであろう。

蘭医の養女を妻に迎える

翌、文久元年は、郁之助は内海測量と蟠竜丸乗り込みですごすが、この年の秋、鳥羽藩のお抱え医師安藤文沢《ぶんたく》の二女とみ子を新たに妻として迎えた。幕府の制度では、身分の違いから婚姻が認められないので、いったん幕府の医官松本良甫養女としたあとで縁組を願いでている。このことについて滝川政次郎氏は、当時の制度と社会情勢から、郁之助の父清兵衛の交友関係と時勢に対する姿勢を推定している。もともと、直参と陪臣の両家の婚姻は幕府の禁制ではなく、届け出をすればよいことである。ところが、先に幕府の医官を勤めていた松本良甫が、陪臣で蘭医の泰斗《たいと》佐藤泰然《たいぜん》の子を養子に迎えるにあたって、漢方医の権威筋から差し止めの意見がもちだされた。この件は落着したが、郁之助の父清兵衛は、蘭学仲間の松本良甫を煩わすことによって、幕閣の保守勢力に対して自己の立場を明らかにし、あらためて西洋新技術を積極的に吸収する姿勢を表明したものと解釈されている。一家の旗印を鮮明にした行為と受け止めておけばよかろう。

はしかの流行で父と子を失う

文久二年になると、父清兵衛と息左衛門が、共に八月に亡くなった。これははしかの流行によるもので、荒井家は一家ではしかを患った。体力の弱い子供と年寄がこの伝染病の犠牲となった。しかし清兵衛はまだ四十九歳であった。父の急病にあたって郁之助は、当時の最高の医療機関である西洋医学所の蘭医林洞海《どうかい》に来診を依頼した。伝染病の流行で医師の手は足りないときである。代官荒井清兵衛の診察には最初は代診が来宅し、つづいて林洞海の診察も受けたが効失くして父を失った。

軍艦操練所頭取

当主がなくなれば、長男は家督とその職を受け継ぐことができる。郁之助は、いったん父の跡役を継ぐべく、時の勘定奉行小栗忠順《ただまさ》に面会している。ところが、なにも今この火急のとき、操練所の人材が一般内政の職に当たることもあるまいとの勝麟太郎の配慮があって、軍艦操練所頭取の職務に就くことになった。一度は父の跡を継ごうとしたのは、おそらく当時の通念にしたがったのであろうが、じつは勝麟太郎のはからいは、郁之助の期待したものであったらしい。手記では、「勝麟太郎君の大いに尽力され、この年の九月両番上席御軍艦操練所頭取を命ぜられ、三百俵十五人扶持給はることとなれり」とある。勝麟太郎は、先月軍艦操練所頭取から海軍奉行に昇進し、千石の扶持を得ていた。こうして郁之助は、勝麟太郎の後任についた。

順動丸船将

このころの荒井家の立て込んだ行事をなお記すと、文久二年四月に妹きみ子が外国方田辺太一《やすかず》のもとに嫁いでいる。田辺太一は、この翌年に遣欧使節正使池田筑後守長発《ちょうはつ》の渡仏に随行し、つづいて欧米への渡航の多かった人で、郁之助の海外事情の窓口役の一人である。また翌年になると、一月に次女はる子を得た。こうして郁之助は、身辺の多事多端のなかで家督を継ぎ、順動《じゅんどう》丸の船将となった。

七　旗艦の船将

将軍御座船順動丸の船将

当時、幕府は、観光、咸臨、蟠竜、朝陽の四艦の蒸気船を所有しており、雄藩でも蒸気船を購入していた。幕府は、なお船団を補強し、海防策の推進をはかっていた。十月には英国から外輪式鉄船順動丸四百五トンが購入された。原名はジンキー（仁記）といい、小型ながら三百五十馬力の推進力があった。すでに所有の四艦のうちでもっとも出力の高い機関が観光丸の百五十馬力であった。順動丸は、先に横浜に停泊中のところを、幕府海軍の中心人物勝麟太郎の目にとまり、十五万ドルで買い求められた。蟠竜丸に代って新たに将軍御座船となり、郁之助が船将を勤めることになった。初仕事は、老中格小笠原長行《ながみち》を乗せた大坂までの航海であった。この航海は、大事にはいたらなかったが、小笠原を乗せて紀州沖で衝突事故をおこしている。右の外輪を損傷し、兵庫港に入港して修復した。

この船便には、土佐浪人坂本竜馬が便乗していた。すでに竜馬は軍艦操練所にも出入りをしていた。操練所総督永井尚志《なおむね》は、しかたなく通訳中浜万次郎の従者として黙認していた。幕府の公用の船便に脱藩浪人が乗り込むことは、普通は出来ないことである。いずれも勝麟太郎との、いわば私的な交友によるものであった。のちに竜馬は、文久三年（一八六三）に神戸に開設された勝麟太郎の海軍塾で塾頭の役についている。いくども郁之助のまえに現われたとおもわれるが、技術士官の長としての郁之助は、この特異な土佐浪人のことは語っていない。

要人の乗船

この航海を手始めに、郁之助は幾度も江戸と大坂を船で行き来することになる。この時期は、幕末政治のうえで、京都と摂津の海防策は重要政策のひとつであった。大坂湾に外国の艦船が侵入したとき、沿岸防備をどうすればよいのか、そのため幕府の視察団が上洛していたときである。老中格小笠原長行に次いで、政治総裁職にあった松平慶永《よしなが》が、さらに将軍後見職一橋慶喜《よしのぶ》、老中板倉勝静《かつきよ》がそれぞれ順動丸で上洛した。文久三年三月には将軍徳川家茂《いえもち》も海路上洛の計画があった。これは生麦《なまむぎ》事件のあとで、英国が軍艦を神奈川に集めていたのを気遣い、陸路に変更された。こうして要人が集まって宮廷警護策がねられ、大坂湾の現地視察が行われた。朝廷側からは姉小路公知《きんとも》が順動丸に乗船し、勝の案内で一昼夜にわたって大坂湾近辺を巡航した。四月になると家茂が紀淡水域を巡視した。船将としての郁之助は、将軍の大坂湾視察の御座船運行の任を無事に果たし、大坂城に召されて帷子《かたびら》地二反を拝領した。この後、将軍の江戸帰還のおりには、初めて海路をとることになった。この任務も無事におわった。船将としての実績もさることながら、おおいに航海の自信を得たものとおもわれる。

九州へ航海

この年に船将郁之助は、九州まで二度航海をした。近畿と九州のあいだを往き来しながら、薩摩藩主の父島津久光《ひさみつ》や肥後藩主の二子に幕府の船便を提供している。そのおり郁之助は、九州は肥後の小島湾に一週間、長崎に七週間滞在したり、九州東端の佐賀関《さがのせき》港に再三寄港している。肥後の小島湾とは、天領の天草《あまくさ》下島の河浦町付近で、今の羊角《ようかく》湾《わん》にあたる。長崎には、伝習所の運営に併せて幕府が建設した長崎製鉄所、すなわち造船所または船体修理のためのドックがあった。七週間の長い寄港は、船の修理が行われたのであろう。順動丸の一行が肥後細川藩を訪ねたときは、おおいに歓待をうけた。名園水前寺で盛大な饗宴が催され、城下に出れば先払いがたち、道の左右に警備が配置される鄭重な扱いであった。細川藩では、この年に蒸気船を一隻買入れている。その乗員養成のため藩の水夫見習十数人が順動丸とともに江戸に向かい、軍艦操練所で訓練をうけた。藩から郁之助への贈り物は、肥後の名工道田貫宗近の刀一振りであった。

旗艦翔鶴丸の船将

海上を東奔西走しているうちに文久三年も暮になり、幕府はアメリカから蒸気船ヤンチー、日本名翔鶴《しょうかく》丸を購入した。三百五十馬力三百五十トンの船で、のちに大砲四門が搭載された。あらたに御座船となって、郁之助はこの船に乗り込むことになった。このころは、列侯を集めた朝廷の参与会議が開かれようとしていたときで、勝は将軍家茂を旗艦翔鶴丸に乗せ、幕府諸藩連合艦隊を江戸から大坂に進めた。郁之助は将軍の上洛に旗艦翔鶴丸で船将を勤めた。

将軍の乗船は、勝の政治的な画策であったといわれている。攘夷と開港で国論の分れた当時の政治情勢にあって、欧米の進出に対抗できる海軍を整備して軍事力を備えることが、国論統一の基盤になると考えた勝は、その実現のために、まず将軍の海路上洛をうながした。幕閣が海軍力の威力について認識を高めるための下工作であった。郁之助にとっては、この将軍の乗船は名誉なことであったが、手記は、当時の政治情勢には触れていない。海軍操練所頭取で、また順動丸や翔鶴丸の船将の郁之助は、まだ一士官としてての姿しか残していない。幕府の存亡にかかわる政治の流れを目前にしながら、同行した要人の動向については語っていない。三十歳にみたない郁之助は、まだ政治に参加する地位にはなかった。この時期は、上司の勝のもとで仕事ができたことが一番の関心事で、航海の腕を磨きながら職責を果たしていた。

八　講武所に勤務

ここにきて郁之助は、突然、講武所取締就任の命を受けた。海軍から陸軍への転身で、元治元年（一八六四）の四月のことであった。大家族の荒井家では、このころも冠婚葬祭がつづいた。秋には、先年生まれた次女を失った。暮には叔母よの子が、蘭学者で幕府の奥医坪井信良《のぶよし》に嫁いだ。翌年になると次男第二郎の誕生を迎え、郁之助は跡取りの誕生をおおいに喜び、手記の記述が詳しい。命名は、二人の大三郎を名乗る人に由来し、大の字を第に置き換え、次男なので三郎を二郎に読み替えている。その一人は講武所の建部大三郎で、ほかの一人は、部下で蟠竜丸の乗船仲間の赤松大三郎（則良《のりよし》）である。建部のごとく壮健な人に、赤松のごとく学問にすぐれたかしこき人に、ともにあやかった

歩兵差図役頭取

命名である。そして七月には、歩兵差図《さしず》役頭取《やくとうどり》の役についた。

講武所へ転任になった郁之助の感想は、「海軍の技術をもつて生涯の業となさんものと思ひをりたる身の、はからず講武所の取締役たらんとは如何なることにやと心も茫然として失望極りなかりし」と、思いをそのまま手記に書きつらねている。講武所は幕府陸軍の拠点となる組織であるが、そのものは砲術の練習場であった。軍艦操練所が開設された築地のほかに、越中島や神田小川町一帯も講武所用地であった。火器を扱うので敷地は広いが、近代的な軍事施設といえるものではない。砲術は、当初はいくつもの流派に分れており、おおくの武術のひとつであった。しかし、西洋式の砲術も、流派のなかで伝授されているかぎり近代科学による兵学とはいいがたい。そこに、天保十一年（一八四〇）の高島秋帆《しゅうはん》の西洋火技の建白によって、西洋砲術の有利性が認識されるようになった。安政三年（一八五六）四月に築地に講武所が創立されたとき流派は合併され、訓練も洋式に統一されて、近代陸軍の制度は砲術を中心に歩みはじめた。しかし近代海軍の技術に比べて、幕府陸軍では砲術を除いて近代技術に接することはほとんどなく、中堅幹部の郁之助にとって魅力のある勤務先ではなかった。大きな組織にあってはありがちな配置換えであった。

幕府陸軍の整備拡張

しかし、この度の転任には同じような立場の人がいく人もあった。当時軍艦奉行であった郁之助の叔父矢田堀景蔵は講武所の大砲組頭に、同僚の伴鉄太郎はその取締になっている。郁之助の周辺にも塚本桓甫ほかいく人も海軍から陸軍に配置換えになっている。ちょうどこのころ、幕府は陸軍を創設し整備拡張にあたっていたからである。文久元年(一八六一)には軍制が改正され、オランダ式の三兵、すなわち歩兵、砲兵、騎兵が創設された。すでに海軍の組織に属していた人をいく人も呼び集めて、初めて人材を確保することができた。

しかし近代的な陸軍の組織がにわかに整うはずはなく、フランスから顧問団を迎えて伝習をはじめるにも、なお三年を要した。郁之助が転任したころの講武所は、まだ剣術や槍術の試合を眺めて無聊を慰めていたのが実情であった。フランスの顧問団が来るまでは、軍制の近代化も速やかには進展しなかったようである。陸軍の制度は、長崎における海軍の西洋軍事の伝習に十余年遅れていた。

幕府陸軍にフランスの援助

遅ればせながら、幕府陸軍の近代化計画を助けたのはフランスであった。元治元年(一八六四)三月に駐日公使レオン・ロッシュが着任してから、フランスの対幕府政策が積極的になった。この年の末には、横須賀製鉄所の名称で造船所の建設計画がフランスの援助で動きはじめた。フランス語修得のための横浜仏語伝習所の開校は、慶応元年（一八六五）二月である。伝習生は十四歳から二十歳の青年層が対象で、これは、後の陸軍幼年学校の前身とみられている。当時レオン・ロッシュには宣教師で日本語に通じていたメロン・カションが通訳として仕えており、実質的にはこの人が伝習所の校長を勤めた。また西洋軍事の伝習にはフランス軍事顧問団が招聘された。第一次顧問団が到着したのは三年目の慶応三年の正月であった。この年には、徳川慶喜は弟昭武《あきたけ》をフランスに派遣している。こうして幕府とフランスは急速に提携を深めていった。

九　太田村陣屋の伝習

フランス語と西洋式軍事教練

横浜仏語伝習所の第一期伝習生は二十六名であった。その後、半年毎に生徒が入学し、第三期生まで続いている。第一期生の多くは十代であった。カションのフランス語の教授とともに、騎兵士官による軍事教練がおこなわれた。一方、郁之助は慶応元年（一八六五）の夏からフランスによる陸軍の軍事伝習のため、横浜の太田村陣屋に赴任した。これは士官を対象にした伝習であった。当時、英仏両国は横浜に軍隊を駐留させており、幕府はこの駐留フランス海軍に協力を求め、本国から教師団が到着するのを待たず、陸軍の指導的立場にあった士官の近代的軍事教育をはじめていた。このころ、フランス公使ロッシュの本国への連絡に、「フランス陸軍訓練所」の計画を述べている。郁之助は、この訓練所の幹部士官として指導と運営にあたる立場にあった。しかしこの幹部士官を助けるフランス顧問団の横浜到着はまだ一年かかるので、さしあたり横浜駐屯のフランス海軍により西洋式軍事教練を受けることになったのであろう。

フランス軍事顧問団の来日

慶応三年の一月になって、ようやくフランス軍事顧問団十九名が到着した。シャノワンヌ参謀大尉を団長とし、ジョルダン工兵大尉、ジュ・ブスケおよびメッスロー歩兵中尉、デシャルム騎兵中尉、ブリューネ砲兵中尉ほかである。このうちブリューネほか四名のフランス軍人は、幕府崩壊のあと、榎本武揚や郁之助の率いる艦隊に参加することになる。郁之助の手記をみると、この時、大鳥圭介《おおとりけいすけ》と同室にあって、夜になると共に教師メッスローを訪ねて調練の号令を日本語に翻訳し、練兵の余暇には調練書をまとめたといっている。こうして士官の伝習をすませ、その士官によって歩兵大隊の訓練が行われた。海軍の場合は、近代的な装備をした軍艦の操船のための伝習であったが、陸軍では、砲術を除けば、幹部士官の養成と歩兵の訓練が伝習の内容であった。そのために、江戸から横浜に幕府陸軍の幹部が出向いて太田村の陣屋に合宿をし、長崎海軍伝習所の陸軍版が行われていた。ここに郁之助が寝起きを共にした大鳥圭介は、播磨の医者の子として生まれ、大坂の緒方塾で蘭学を修めた人で、すでに江川太郎左衛門について西洋砲術を学んでいた。幕兵の洋式訓練にあたっては中心になって活躍し、後に箱館戦争のとき、郁之助とともに五稜郭《ごりょうかく》に立てこもった人である。

邦訳兵書の刊行

洋式陸軍の強化策には、兵書の邦訳が欠かせない。郁之助が大鳥圭介とともに読みかつ訳した調練書がどの本であったかはわからないが、当時の兵書の訳がいくつも残っている。『江戸幕府刊行物』（福井保著、昭和六十年、雄松堂）によると、元治元年（一八六四）から慶応三年の四年間に二十四冊の陸軍書が刊行されている。著者や訳者の記されていないものもあるが、大鳥圭介の名前を記した書物が多い。郁之助がいう調練の号令がこの二十四冊のなかにあるとすれば、「歩兵令詞」（全三冊）、「兵学程式」、「歩兵程式」の内容がそれにあたる。それぞれ、英国の歩兵操典の号令の部分の抄訳、オランダ陸軍の用兵操典、そして歩兵の基礎動作の操練方法を詳説したものである。前の二つには訳者が記されていない。「歩兵程式」には、緒言と訳者名に大鳥圭介の名前がみられる。郁之助と共同の仕事には、大鳥一人の名前が記されることはなかったであろうと思われるので、訳者の記されていない「歩兵令詞」と「兵学程式」が両人の共訳ではなかろうか。大鳥は、当時、錫と鉛とアンチモニー合金で造った明朝《みんちょう》体の活字を考案し、鉛活版でこれらの官版の印刷をおこなっていた。

歩兵頭並に昇進

年月は記していないが、このころ、郁之助と大鳥は他一名の同僚とともに、歩兵頭並《ノかみなみ》を命じられ、昇進したことを手記は記している。『陸軍歴史』(明治二十二年、陸軍省総務局)によると、郁之助の陸軍における経歴は、「高百俵荒井郁之助　慶応三卯五月朔日歩兵差図役頭取」の記録のみがみられ、歩兵差図役頭取のあとは慶応四年(一八六八)正月九日軍艦頭とつづき、歩兵頭並に昇任した記録がない。また、郁之助のいう歩兵差図役頭取就任慶応元年七月とは、二年ほどくい違いがある。この時期の郁之助の経歴と就任年月は、妹婿田辺太一による墓誌「荒井郁之助略伝」(『回天艦長甲賀源吾伝』)など、資料によってかならずしも一致しない。ただ、碑文に、「講武所取締役、歩兵頭並、進んで海軍奉行となる」とあるように、郁之助の幕府陸軍での最終の地位は歩兵頭並とみてよい。

本高百俵千石へ

歩兵頭並に昇任したところで、本高百俵千石を受けることとなった。本高三十俵三人扶持からの増石である。このことを手記は、幕府の時代でもっとも栄誉なことと表現している。家格は上がり、地位も高くなった。しかし、幕臣としての責任も重くなった。

今まで幕府の陸海軍の士官として、それも技術士官として勤めてきたが、ここに初めて郁之助が幕府の政治に直接関与する地位につき、事件に遭遇する。またこれは、陸軍における最後の仕事にもなった。

十　薩摩屋敷襲撃事件

重大な政治決定に参画

荒井郁之助手記「荒井家伝記」は、慶応三年（一八六七）、「十二月二十八日薩州邸焼打の事あり、其前陸軍奉行より余と大鳥氏を呼、薩州邸を打ん事之相談ありしかば、至急可然旨を答へたりしなり」で終わっている。すなわち、上司の陸軍奉行より、江戸の薩摩藩邸襲撃の相談をうけ、それに賛意を表明したものである（二十八日は二十五日の記憶違いであろう）。これは、記述は簡単だが重大な政治的決定であった。

郁之助が講武所に勤務するようになった元治元年（一八六四）から慶応三年にかけては、禁門の変のあと、幕府軍の二度の長州征伐とその不成功、第十四代将軍家茂の死去、慶喜の第十五代将軍就任とつづいた。時局は急速に進展して、慶応三年十月には大政は奉還され、幕府政権はここに終わりを告げた。このころの江戸は、薩摩藩による江戸市中の攪乱が横行していた。しかしこれは、三田の薩摩藩邸に逃げ込めばそこは治外法権の地である。市中の攪乱は、徳川軍を挑発しようとした薩摩藩の謀略であった。このような事態に直面して、幕府は薩摩藩邸焼き打ちを計画した。この焼き打ち事件は、海陸両面から作戦がたてられていた。結果は、海戦は失敗し、陸上の計画は成功であった。海上では、逃亡路の封鎖のため江戸湾に停泊中の薩摩の翔鳳丸に幕府の回天丸の砲撃が計画されていたが、捨て身の翔鳳丸が逃げきった。陸上の藩邸襲撃は薩摩の悲惨な負け戦となり、これが戊辰戦争の火蓋を切ることになった。

薩摩藩邸の被弾焼失

薩摩藩邸攻撃に参加したのは、庄内藩、上山藩、鯖江藩、岩槻藩、幕府の伝習隊で、総勢二千名余りの兵力であった。周囲を包囲されて砲撃をうけた薩摩側は逃げ口を塞がれ、死者四十九名、捕われた者百六十二名にのぼった。藩邸は火災をおこし、その後、焼け跡は薩摩ッ原と呼ばれるようになった。現在、邸跡に死者を供養する墓を残している。歴史は勝者の側から書かれることが多く、戊辰戦争の敗者である焼き打ち側から当時の事情が語られることはなく、真相は長く不明であった。それがいくぶん明らかになったのは、篠原宏氏によると、実に明治三十二年（一八九九）になってのことと指摘されている（『陸軍創設史』）。

旧幕府関係者の回顧談などを掲載した雑誌『旧幕府』（第三巻第一号）に、樵村丸毛利恒の名で、「薩邸砲撃の方略（仏人ブリウ子稿）」が掲載された。それによると、幕府の有志がフランス軍事顧問団の砲兵中尉ブリューネに薩摩藩邸襲撃の相談をもちかけ、その戦略をある陸軍士官が翻訳したものであると説明している。この資料の出所は、友人根岸氏によるとなっている。文中に「当時、幕兵の戦計宜しきを得、さしもの巨邸を瞬時一炬に付したるは、其之あるが為めなり」、というからには、ブリューネの計画は実行にうつされ、かつ成功したのである。

ブリューネの襲撃計画

藩邸襲撃には、幕府伝習隊は歩、騎、砲の三兵が参加した。ブリューネの計画によると、「仰角射ヲ行フニハ五百メートル以上ノ距離ニ行フヘシ。仮令《たとへ》邸第狭少ト雖モ決シテ打越ノ憂ナシ。如何トナレバ火薬ノ減量ニ因《よ》レバナリ」という説明がある。薩摩藩邸は、東西七百メートル、南北百〜三百メートルの細長い敷地であった。周囲はいずれも細い道路と塀で他の屋敷に囲まれているので、たとえ試射といえども最初から正確に砲撃しなければならない。しかしブリューネは誤射の心配はないといっている。それには、仰角や爆薬の量を距離に応じてこまかく指示している。市中で周囲に被害を及ぼすことなく薩摩藩邸のみを砲撃するのは、大胆な計画であった。それだけに、砲撃の専門家の綿密な計画があってはじめて実行可能であった。また、正確な砲撃の実戦にあたっては、近代軍事教育を受けた伝習隊の砲兵の参加も必要であった。

ところで、海軍の計画は失敗に終わったが、あとで参戦者の一人が当時のことを語っている。先に蟠竜丸に三等士官として乗り組んでいた横井時庸《ときつね》は、事件のとき回天丸で戦闘に加わり、「品海に於て薩艦の砲撃始末」として『旧幕府』に書き残している。戦闘について述べたその文章は、「薩艦には今日海軍部内に最も有名なる某将校も乗組ありて、当時魚腹に葬らざりしは、実に国家のために慶すべき事なりと言ふべし」として結ばれている。某将校とは、薩摩の海軍士官東郷平八郎であることは推測に難くない。横井時庸は、敵に逃げられたことを慶事として話を締めくくっている。この事件を敗者のほうから述べれば、明治の時勢にあってはこのように書かれることになる。

襲撃計画の回顧

ところが、郁之助の場合はそうはいかなかった。フランス伝習隊の活動について述べた手記は、「この年の十一月の頃なるべし、伝習の兵一大隊大坂に赴く。大隊長として小笠原石見守、改役《あらためやく》には竹村謹吾、差図役頭取には松平鉄五郎、その他榊原鉦太郎、森田勘輔等皆横浜にて最初より仏蘭西伝習をなせし人々なり」として、のちに鳥羽伏見の戦いに参加する伝習隊の出兵のことは詳しく紹介している。しかし、薩摩藩邸襲撃計画の相談は、伝習隊の参加やブリューネの立案した砲撃計画の実行など、ただちに歩兵部隊幹部の大鳥圭介、荒井郁之助の二人の職務に係わってくるはずであるが、陸軍奉行から相談をうけて、その実行に賛成の意見を返したことを書きとどめているにすぎない。その記述はきわめて簡単である。

『旧幕府』は、幕末当時の歴史的事実を書き残しておこうとして刊行された雑誌である。新政府の中心にあった薩摩に対して、負け戦や、痛み分けに終わった戦については、その参加者から詳しい戦況が語られることはあっても、一方的な勝利に終わった戦は、当事者からはほとんど語られず、人手を経た間接的な資料として初めて実情が公表されることになる。新政府樹立後も幕府海軍を率いて戦い、敗れては死罪の判決を受けた郁之助にとって、薩摩藩邸襲撃のことを述べるのは、ためらいがあったのであろう。郁之助手記は、この事件の重大さと、それに対する深いかかわりの割には、藩邸襲撃の記述がかんたんである。

第四　戊辰戦争のなかで

一　幕末の幕府陸海軍

フランスによる陸軍軍事伝習

戊辰戦争を前にして、郁之助は陸軍を離れた。在籍期間は、慶応四年（一八六八）一月九日までの三年九カ月であった。この間に幕府は、近代陸軍の創設のためフランスから近代軍事技術の伝習を受けていた。しかし陸軍の伝習は、長崎における海軍の場合ほど高い評価や成果を伝える史実が聞かれない。太田村陣屋における郁之助自身の陸軍軍事伝習の成果も、おそらく砲術を除けば、近代装備の歩兵集団による戦術を深めたくらいであろう。しかし砲術の伝習は、爆薬に関する技術を通して郁之助に化学の知識を与えたにちがいない。後に辞書を刊行するにあたって、化学用語の解説の付加につながったと思われる。

その後の時局は、朝敵となった徳川慶喜を討ち取ろうとする官軍の東征に対して、朝

軍服姿の荒井郁之助

廷に恭順を表明した慶喜の身の安全と江戸城の明け渡しの交渉が行われていた。四月十一日には、江戸城は開城の運びとなり、慶喜は水戸に退去した。五月になると、横浜の太田村陣屋のフランス顧問団と伝習隊は江戸に移った。郁之助が軍艦頭《ノかみ》に転出したとき引き続き陸軍に留まった大鳥圭介は、歩兵頭《ノかみ》を命ぜられ、伝習二個大隊と歩兵連隊を率いて北をさして江戸を去った。

こうして、フランス軍隊の指導を受けてきた幕府陸軍は、慶応三年の暮から次第に戊辰戦争につながる実戦に出動していった。

海軍の整備

ふたたび海軍の勤務についた郁之助は、軍艦頭として幕府の艦隊を率いることになった。この近代海軍は、ペリーの来航を契機に創設が始まり、十数年したところで戊辰戦争を迎えた。その間、乗員士官の養成と蒸気軍艦の整備に幕府は多大の外貨を支払っている。これが、戊辰戦争を戦った幕府海軍のエネルギーになった。

乗員士官の養成は、長崎海軍伝習所における四年足らずの伝習に続いて、築地の軍艦操練所がその後を継いだ。操練所には軍艦が配備され、江戸湾警備の役も果たしていた。京大坂の警備には、神戸海軍操練所の設立も計画された。勝麟太郎の発議による神戸の操練所は、設立の準備をはじめてから元治元年（一八六四）十月までの一年半ほどの短い期間の活動であったが、諸藩の藩士にも入所の道を開き、新政府海軍で活躍した人をいく人も輩出した。その後も士官の養成にはまだ外国の伝習が必要であった。幕府はイギリスに軍事顧問団の派遣を要請し、慶応三年十一月から築地に海軍伝習所を開くこともしている。しかしこれは、実績を挙げるほどの時間がなかった。このように、乗員の養成にはいくつもの試みがなされた。

軍艦の整備

まもなく海軍奉行として郁之助が率いる幕府艦船の整備は、注文建造と外国船の購入に並行して、国産の軍艦建造も行われた。大船建造の禁止令が解かれ、水戸藩では石川島造船所を創設した。ここで建造された幕府軍艦千代田形は二本のマストを持った百三十八トンの船で、幕府の手で建造された唯一の国産蒸気軍艦であった。設計には、長崎海軍伝習所出身者があたった。船体の基本設計を小野友五郎《ともごろう》、構造設計を春山辨蔵《べんぞう》、機関等の設計を肥田浜五郎《はまごろう》、艤装と船具を安井畠蔵《はたぞう》、大砲を沢太郎左衛門《たろうざえもん》の五人であった。進水式が行われたのは文久三年（一八六三）で、公式の試運転は慶応三年になって初めて行われた。完成までにたいへん時間がかかっている。このほか艦船の整備には、外国の贈与によるものもあった。観光丸はオランダから、蟠竜丸はイギリスからそれぞれ寄贈された船である。いずれも、西欧列強諸国の日本に対する経済権益の確保が狙いであった。

軍艦の注文建造はオランダに依頼され、現地に留学生が派遣された。留学生には、長崎海軍伝習所出身者が選ばれた。内田恒次郎（正雄）、榎本釜次郎（武揚）、沢太郎左衛門、赤松大三郎（則良）、田口俊平の五名である。帰国後まもなく病死した田口を除いて、いずれも新政府で活躍した人たちである。さらにこの留学には、法律や政治学などの修業に津田真一郎（真道《まみち》）と西周助《しゅうすけ》（周《あまね》）が、医学の修業に伊東玄伯《げんぱく》と林研海《けんかい》が、そのほか水夫や船大工なども同行したことはよく知られている。完成した開陽丸は、排水量二千五百九十トン、四百馬力の蒸気機関を備えた三本マストの巨艦であった。この船が、榎本ほか八名が乗船して日本に回航されたのは、慶応三年三月である。

幕府は、いろいろ手を尽くして蒸気船の購入に努力をしている。横浜や長崎に停泊している船を見て買い求めたのもあり、また、わざわざ買い付けにアメリカまで出かけることもしている。南北戦争後の余剰軍艦に目を付け、すぐ使える既製軍艦の購入のために小野使節団が派遣された。そこで内金を払って契約をしたのが、フランス製のストンウォール、のちの日本名甲鉄艦である。排水量千三百五十八トン（数値について異論が多い）、機関千二百馬力で、木造に甲鉄を張った軍艦である。しかし日本に回航されたときはすでに慶応四年四月で、幕府は瓦解していた。新政府と幕府に対して局外中立の立場をとったアメリカは、しばらく引き渡しを見合わせ、残金を払って受け入れたのは新政府であった。

回　天　丸

後に新政府の手に渡った甲鉄艦と宮古湾で戦闘をまじえることになる回天丸は、長崎で購入された。生涯、郁之助が思いを残した船である。プロシャ海軍の創設時にオランダの造船所で建造された木造の巡洋艦で、排水量千六百七十八トン、機関四百馬力、外輪の直径二十四フィート四インチ、帆の面積一万二千八百三十八平方フィート、六十六ポンド砲十二門を備えていたと郁之助は書き残している。船体は古く、競売にかけられて英国の手にわたった船で、ロンドンで修理され、新たに武装をしてアメリカの手に移り、日本に回航された。幕末から明治にかけて日本で活躍した造船技師ボーケルが購入検査の依頼をうけ、のちに郁之助に宛てた手紙では、「その欠点を明記し、政府の軍艦となすには不適当なることをその頃報告せり。しかれども政府には種々の都合もあることとみえ、数日のうちに日本の国旗を引掲げ、これを回天丸と名付けたり」と書いている。郁之助によると、長崎奉行服部筑前守は、慶応元年に十八万六千ドル払って回天丸を購入したという。

二　江戸湾脱走

慶喜追討令

鳥羽伏見の戦況が危ぶまれてくると、慶喜は大坂をたって開陽丸で江戸にむかった。慶応四年（一八六八）一月七日、追って朝廷は慶喜追討令を発した。十五日には、新政府は各国代表に王政復古を通告し、一方旧幕府側では、二十三日に職制を改めて、徳川家の家職の組織とした。このとき勝麟太郎は海軍奉行から陸軍総裁に、矢田堀鴻《こう》（景蔵）と榎本武揚はそれぞれ海軍総裁と副総裁に登用された。この事態に対処して、各国は二十五日に局外中立を宣言し、二月にはいると慶喜は謹慎して上野の寛永寺にこもった。

このところを碑文は、「明治元年、王師東下し、前将軍は罪を引いて恭順す。しかるに海陸軍の将士は服さず」、すなわち、官軍の東進に前将軍慶喜は罪を引受けて恭順の意を表したが、海陸の軍人はそれに服従しなかった、と述べている。

江戸城明け渡し

官軍は、有栖川宮熾仁親王《ありすがわのみやたるひと》を東征大総督とし、東海道ほかの街道を江戸に向かって進攻してきた。その途上で、江戸城総攻撃の日は三月十五日と決まった。勝麟太郎は、慶喜の恭順をもって助命の嘆願をし、さらに江戸の街を戦禍から守るために西郷吉之助と交渉にはいった。その時、大総督からだされた官軍側の主張は、江戸城を明け渡すこと、城中の人数を向島に移すこと、軍艦を渡すこと、武器弾薬を引き渡すこと、徳川慶喜を備前藩へ預けることのほか、慶喜の暴動を助けた諸侯はそれぞれ相応の謝罪を実行する、暴動をおこしたものは官軍の方でとり鎮める、というものであった。前の五項目をさして五箇条の誓文といわれることがある。

矢田堀と勝

開陽丸で江戸に帰るや、慶喜は正月十七日に海軍の幹部を集めて朝廷に対する恭順の意志を伝えている。このたび京都より兵が差し向けられているが、これは上洛の兵が伏見で行き違いによって事を起こしたためで、自分は朝廷の軍に敵対するつもりはない、と説明している。つづいて、「諸向きに於ても厚く相心得、かまへて粗忽の挙動あるべからず」と申し伝えている（『回天艦長甲賀源吾伝』外編）。郁之助の叔父海軍総裁矢田堀鴻は慶喜の内訓を厳守して、いわゆる恭順派の立場をとった。海軍副総裁榎本武揚、軍艦頭荒井郁之助、そのほか現場の幹部の強行意見とは一致をみなかった。やむなく矢田堀は病を名目に登城をひかえ、幕政から身を引いた。幕府と新政府との交渉は、もっぱら勝麟太郎があたった。

慶喜は水戸へ

まず十五日予定の江戸城の総攻撃回避にこぎつけ、慶喜は謹慎して水戸に退いた。こうして江戸城は無事四月十一日に開城とすることができた。また、軍艦の引き渡しも同日が予定されていた。しかし、こちらは予定どおりには進まなかった。引き渡しを求められた徳川艦隊は、この十年間、資金もさることながら西洋技術の輸入に智力を尽くして作り上げたものである。新政府が諸藩の力を結集しても及ばない強力な近代海軍で、現場の乗り組み士官は簡単には差し出さなかった。

徳川海陸軍の嘆願

慶喜の相続人田安亀之助《たやすかめのすけ》は、江戸湾に軍艦を浮かべている徳川艦隊を説得し、矢田堀の後任には陸軍総裁勝麟太郎を海軍取扱として任命した。徳川方海陸軍一同からは嘆願書が提出され、次の二項目の要望が出された（慶応四年四月太政官日誌）。

一　城ノ儀ハ、徳川家相続ノ者相定メ候上、一時徳川亀之助へ御預ケ仰付ケラレ候ヨウニ願イ候、ハナハダ見越シ候儀ヲ申上ゲ恐入り奉リ候エドモ、尾張家へ相続仰付ケラレ候儀ハ御免願イ奉リタク候事

一　軍艦鉄砲ハ、徳川家名御立チ成下サレ、高並ビニ領地相極マリ候上ニテ相当残シ置キ、ソノ余ハコトゴトク差上ゲ候ヨウ仕リタク候事

江戸城明け渡しについては、まず、慶喜の後の徳川家の相続者を決めてからにして欲しい。それまではひとまず、後の徳川家達《いえさと》こと田安亀之助に預からせていただきたい。軍艦と武器の引き渡しについては、ここは徳川家の名を立てていただき、藩の高と領地の事が決まるまでお待ち願いたい。あとで相応のものを残して、余分のものは差し出すことに致したい、という嘆願である。

軍艦引き渡しの十一日は、海が荒れて乗船下船が困難だった。ところが翌日になってみると幕府艦隊は一隻も見えず、総意を代表した榎本から新政府に対して一通の手紙がしたためられていた。軍艦を召し出すことについて、乗り組みの一同が万一不心得のことをして天朝に背き、かつ慶喜の素志にも背くことになっては申し訳ないので、一時房総近海へ立ち退いていた、などなどと鄭重な文面である。房総半島の南端の館山に雲隠

徳川艦隊の脱走

れしたのである。海軍取扱の勝麟太郎は館山に赴き、艦隊の引き渡しには、その一部を徳川方に残すよう新政府に掛け合うことを約束して引き上げた。ひとまず脱走艦隊は十七日に品川沖に戻ってきた。新政府軍との交渉の結果は、この時点ではまだ、徳川艦隊の主家を思う至情に感じ入って、四隻を残すことが約束されていた。

しかし引き渡された四隻は、富士山、観光、翔鶴、朝陽で、軍艦として使えるのは、わずかに富士山のみであった。徳川艦隊には、開陽丸などの強力な海上軍事力が残されていた。これは、江戸湾に軍艦を配置し、徳川家の処遇決定を牽制した姿勢のあらわれであった。この間、閏四月二十九日になって田安亀之助の徳川家相続が決まり、上野の彰義隊の討伐も終わった。五月二十四日には、石高はかつての十分の一の七十万石ときまり、徳川家は駿府移封となった。すでに四月には、大鳥圭介の率いる徳川陸軍は宇都宮を攻略したが、ただちに新政府軍は反撃をしている。つづいて五月十九日には長岡を占領している。しかし、徳川家の七十万石駿府移封は、徳川海軍の受け入れるところではなかった。

ところで、海軍総裁矢田堀鴻は、その後戊辰戦争に参戦することもなく、また、新政府において相応な地位を得ることもなかった。維新後のことについて矢田堀鴻碑は、

「しかれども遂に世に伸ぶることある能はず。平生欝勃《うつぼつ》、自ら酒に託し、或は碁を戦はし、胸中の磊魂を澆《そそ》いで聊《いささ》か以て自ら娯む」と、その後の境涯を述べている。つづいて韻文で、「利刃欠け易く、敏才伸び難し、世路の窮達、また自ら因あり、天か人か、其畛《しん》を知るなし、哀しい哉函陵《かんりょう》、是日何の晨《あした》ぞ、彼の白雲に乗じ爰《ここ》に其真に反《かえ》る」と、函陵（矢田堀鴻の号）はなぜか才能を伸ばしきれなかった、それにはおのずと原因もあったであろう、と述べている（『回天艦長甲賀源吾伝』の矢田堀鴻伝資料の和訓より）。幕末に勘定奉行を勤めた小栗忠順《ただまさ》は、積極的に幕府の行財政に手腕を発揮しながら、新政府に対して主戦論を主張して慶喜から罷免を申しわたされ、まもなく官軍の手で斬首の刑にあった。主戦派であれ恭順派であれ、幕府の指導的地位にあって幕末と維新を乗り切るのは、いずれの人にも困難な道であった。郁之助は、北辺警備と新天地開拓の許しを乞い、幕府海軍をしばらくあずからせてほしいという立場をとり、徳川海軍の指揮官として戊辰戦争を迎えた。

三　艦隊の北進

榎本艦隊蝦夷へ

四隻の艦船を新政府に差し出して、なお徳川艦隊には多くの船が残っていた。品川沖には開陽、回天、蟠竜、千代田形の四隻の軍艦と、長鯨、美嘉保、咸臨、神速の四隻の輸送船が碇泊していた。艦隊の司令官は軍艦頭の荒井郁之助が、艦長には沢太郎左衛門、甲賀源吾、松岡磐吉など、多くは長崎伝習所以来すでに十年の年期を入れた士官が当たっている。船内には、海軍関係者以外に、上野の彰義隊の残党など新政府を承服しかねた兵士も加わり、これが榎本艦隊と呼ばれた船団である。海陸軍一同からの新政府に対する嘆願は多くが受け入れられることなく、八月十五日には徳川亀之助はついに七十万石の一大名として駿河に移った。ここでこの艦隊は、新政府の許可なく、八月二十日を期して江戸湾を脱走し、蝦夷《えぞ》に向かった。総勢は四千名を越えていたと、当時の新聞はこの事件を告げている。

蝦夷地開拓と北辺防備

この武装集団は、当初は新政府と戦いを目論《もくろ》んだものではなかった。艦隊の脱走について、徳川家達の立場で述べた碑文の説明は、「君は榎本武揚等と開陽回天の諸艦を率いて北進し、遂に箱館に航す。蝦夷《えぞ》に赴きて不毛を墾し、兼ねて北辺を鎮めんと欲し、書をたてまつりて陳情するも官は允《ゆる》さず」と、かつての家臣の行動を説明している。新政府への陳情というのは、徳川遺臣の生計は七十万石で駿府に移ったのでは成り立たないので、蝦夷の地の開拓の許可をいただきたい、そうすれば生計もたち北国の国防政策にもなるというもので、屯田兵の構想である。このことは、榎本が脱走軍を代表して発した檄文《げきぶん》、および「徳川家臣大挙告文」にみられるところである。

当時、ロシアのプチャーチンの来航以来、幕府は北辺の脅威に対策を必要としていた。実際にロシアの南下が北海道本島にまで及ばなかったのは、クリミヤ戦争の勃発や、下田で交渉中にロシアの軍艦が大津波によって大損傷をうけ、ロシアの外交活動が予定どおり進まなかったことによると理解してよかろう。また、江戸期の蝦夷は、渡島《おしま》半島南部がわずかに松前藩によって開発されていただけで、アイヌ人の生活を除いて、北海道の大半は不毛で、かつ無人の大地であった。このような情勢にあって、不毛の地を耕し、北辺の防備に当たるという嘆願は、国際情勢をふまえたものといえよう。しかし新政府の承認が得られるものではなかった。

太政官の沙汰

この嘆願に対する新政府の対処は、太政官より沙汰が下っている。「品川沖へ碇泊の徳川亀之助軍艦並びに帆前船等八艘、当月二十日夜、届なくいずかたへか出航候旨、……すでに亀之助に於ては、恭順つかまつり、かつ軍艦乗組のものより嘆願の趣き聞召し届けられ、格別の御趣意をもって、右軍艦等下し置かれ候儀に付き、決して粗暴の挙動これあるまじく候」といっている。嘆願のことはすでに聞き入れてある、それに軍艦についてはしかるべく残してあるではないか、というのである。確かに新政府も譲歩をし、新造の大艦開陽丸は残されているが、嘆願は充たされていない項目が多い。さらに太政官の沙汰は、このうえ暴動を起こせば、発砲に及ぶことになろう、また主家にも影響が及ぶであろうとしたもので、厳しい内容であった。

フランス軍人の参加

この徳川艦隊の北走には、第三者の賛同があった。元フランス軍事顧問団の人たちで、砲兵中尉ブリューネら五名である。ほかに、歩兵中尉メッスローは会津藩の教官として戊辰戦争に参加したであろう、と篠原宏氏は推定している。元来、一国の軍事顧問団が、内戦が起こったときいずれの側に加担するかは、難しい選択である。この場合、フランスの国自身は中立の立場をとっているので、旧幕府側に加担したフランス軍事顧問団の人たちは辞表を提出して参加している。

ブリューネの希望的観測

ブリューネがナポレオン三世に宛てた手紙は、「閣下のご命令で日本へ派遣されて以来、仲間と共に全力を傾けてまいりましたが、今回、維新のため顧問団は本国へ帰らねばならなくなりました。しかし、私はひとりここに残り、我が顧問団の成果を北の地域で試してみたいと思います。事態は差し迫っており、北方の大名達は私の参加を強く望んでおりましたので、私もついに承諾しました。すなわち、われわれの訓練生であった日本人の士官ら千人ほどの手助けをもってすれば、私は連合軍の五万人を統率できるからであります」(『陸軍創設史』)としたためており、戊辰戦争に対する旧幕府側の勝利に希望的観測を抱いていた。ブリューネは、後に自国に帰って少将に昇進する人である。優れた資質を持った人だったが、自国の規律を無視しての参戦は、若い士官の職務に対する熱意と純真さにおされた勇み足であったと思われる。

この北走艦隊に加わって箱館まで同行したのは、ブリューネのほか、下士官のマルラン、ビュッフィエ、フォルタンと、調教師のカズヌーフがいた。メッスローは奥羽列藩同盟に参加したといわれている。ところで、ブリューネの手紙によると、北走への参加は、初めは列藩同盟からの誘いに応えるためのものであったが、実際には徳川艦隊に参加し、横浜太田村の幕府陸軍の責任者で旧知の荒井郁之助の軍と共に蝦夷地の戦に加わった。これには、ブリューネと郁之助のあいだでなにがしかの話し合いがあったと思われる。しかし、それを伝える資料はみあたらない。

四　咸臨と美嘉保の遭難

稚拙な航海術

外洋航海の安全は、造船技術と航海術によって保証されているが、当時の航海術は、安全航行に必要な水路測量や気象技術など非工業技術の分野が稚拙であった。これは西洋諸国においても同様で、先に榎本らがオランダに渡航する途上、そのオランダ船はボルネオ島近海で暗礁に乗り上げて座礁し、現地の漁民に救助されている。クリミヤ戦争では、一八五四年に黒海で英仏連合艦隊が暴風雨に遭遇し、フランスの誇るアンリ四世号を失っている。安全航海を保証する水路と気象情報の利用には、まだしばらく時間が必要であった。

八隻の北走船団

八隻の艦船が江戸湾を出て北に向かった旧暦八月下旬は、大型台風がよく日本付近を襲う季節である。当時の気象状況は推定によるほかはないが、北走した船団は十九日の深夜に江戸湾を発ち、さっそく秋台風に襲われた。艦隊は、当初、ひとまず奥州の松島湾口の寒風沢《さぶさわ》に集合する予定であった。航行にあたっては開陽が美嘉保を、回天が咸臨を、長鯨が千代田形を曳航している。船足の遅い船がロープで曳かれていたのである。咸臨丸はすでに機関が取り外されており、三本のマストを持った帆船になっていた。蟠竜と神速は独航である。

咸臨丸の座礁

夜の十一時に品川沖を出て、午前四時ごろ早くも事故が発生した。咸臨丸が座礁したのである。脇哲《わきてつ》氏によると、艦隊の速度は五・五ノットであったろうというから、浦賀水道の出口のあたりであろう。かつて小野友五郎と荒井郁之助らが江戸湾の測量をおこなったときは、ちょうどこのあたりまで許可がおり、そこから外海はまだ水路測量がなされていない海域である。座礁の理由はわからないが、灯台の施設もなく、近代的な航海に適した水路図の用意のないことなど、今からみれば起こっても不思議のない事故である。座礁から逃れるには満潮時を待たねばならない。半日をその場で費やすことになった。咸臨丸の艦

咸　臨　丸（慶応大学図書館蔵）

長は、さきにストンウォールの購入に渡米使節に加わった岩田平作であったが、急病のため、代って小林文次郎（一知《かずとも》）がその職務を引き継いでいた。

房州沖の三角波

半日足踏みをして離礁し、二十一日にようやく房州沖に達したが、夜半には暴風が強まり、翌二十二日は颶風《ぐふう》となったと記録されている。深夜二時頃、回天と咸臨のあいだの曳綱が切れた。この暴風によって、咸臨と蟠竜は風に流され伊豆まで漂流した。蟠竜に乗船していた三等士官横井時庸は、当時の模様を、「二十二日には、甲板上は海洋とあい平均し、どうもすれば彼の有名なる三角浪に巻き込まれんとす」と書き残している（「幕府軍艦蟠竜丸の記」、『旧幕府』）。房総沖は、今日でも遭難沈没の事故が起こり、三角波によるのではないかと原因が推定されることがある。北走艦隊が遭難した暴風も、この三角波をともなっていたのであろう。この暴風雨で、蟠竜は機関に漏水をおこした。順風を利用して徳川藩の港清水に入港して修理の後、ふたたび松島へ向けて出航し、九月十八日には仙台に到着した。艦長は、咸臨丸渡米の際に測量方兼運用方を勤めた松岡磐吉《いわきち》であった。

咸臨丸乗組員の殉難碑

共に伊豆方面に流された咸臨丸の乗組員は不幸な結末を迎え、多くの犠牲者をだした。後に建立された殉難碑（清水市興津清見《せいけん》寺町清見寺境内）が当時のことを語っている。碑の前面は、従二位榎本武揚書として、「食人之食者死人之事」、読み下して、「人の食を食《は》む者は人の事に死す」とある。中国の『史記』の一篇である。裏面は、元老院議官従四位大鳥圭介篆額《てんがく》、永井介堂（尚志《なおむね》）撰ならびに書とあり、「秀松枯骨」の題で遭難の顛末が刻まれている。一部を読み下すと、「諸艦同じく品川湾を北に赴き仙台に至る。房総の海でにわかに颶風に運《めぐ》らし各艦ともども離散す。咸臨は艦に載るその大檣《ほばしら》を失う。わずかに覆没を免る……暴風また起こり南洋を漂蕩す。艦体は損なわれ、遠くに航《わた》ること能わず。遂に駿河の清水港に入る」とあり、蟠竜と同じく清水港に避難している。

「秀松枯骨」

咸臨丸の殉難碑

　しかし新政府は、富士山他二艦を清水に差し向け、発砲のあと銃剣を携えて咸臨丸の乗員を襲った。そのとき、艦長小林文次郎はたまたま下船中であった。副艦長春山辨蔵《べんぞう》他五名、水兵若干名は格闘のすえ死亡、屍は数日海に浮遊していたという。このとき小林文次郎はなす術もなく、ただ官軍に身を差し出して乗船中の兵士の身の安全を嘆願するしかなかった。海岸の屍は、新政府のとがめを怖れて誰もそれを収容するものはなかった。ひとり地元の人、俠客山本長五郎（次郎長）がそれを集めて松の古木の下に葬った、と殉難碑は事件をここまで記している。「秀松枯骨」は、旧友が相謀《あいはか》って碑を立てたとして締めくくっている。発起人の名が刻まれていないので、書と篆額と撰をおこなった三名のほかは旧友の名を読むことができない。大鳥は、遭難のときまだ船団に加わっていなかったが篆額をあげており、郁之助は艦隊の指令官であり、旧友の一人でもあるが、ここに名を連ねていない。維新後は、さほど高い地位につかず、このような場に名前を残すことを意識的に避けていた。

美嘉保遭難碑

一方、武器と食料と兵員の輸送にあたっていた美嘉保丸（原名ブランデンボーグ、八百トンのバーク型帆船）は、上総の沖まで曳航されたところで開陽とのあいだの曳綱が切れ、独り漂って、二十六日の夕刻銚子の黒生《くろはえ》海岸沖で座礁した。そこは岩礁の多い沿岸で、今でも、岸からみえるところの難船の救助が困難な海である。現地の海岸に立てられている「美嘉保遭難碑」は、多くの兵は上陸を果たしたが、十数人の屍が収容されたことを述べている。運よく上陸を果たした人の多くは、戊辰戦争の現地をさして去っており、遭難者の氏名の確認は困難であった。碑が記す氏名は九名で、不詳の人については追って記すことにする、としている。混乱のさなかでは、死者の認定はおろか、その数も定かでなかった。

美嘉保丸は、こののち現地で沈没した。帆船を曳いていた開陽、回天のいずれも被害は大きかった。前者はマストを損傷し、舵を失い、ようやくのことで松島湾に辿り着いた。回天は、前二本のマストを倒された。この船団とて、気圧計の備えはあり、近海の気象の知識は持ちあわせていたはずである。しかし、この暴風を回避するには、まだ当時の気象と海象に関する理解は未熟なもので、観天望気の域をでなかった。

五　蝦夷に新天地を模索

気象や水路の情報の不備に加えて、当時の船舶は通信施設を持たなかった。船団は、いったん相互に船影を失うと、次の寄港地まで連絡ができない。船団としての機能は乏しかった。遭難した美嘉保丸を救助することも、官軍の艦隊に襲撃された咸臨丸の援護に駆けつけることもできなかった。予期せぬ海難にあった船団は、その後、長鯨丸が八月二十四日に、開陽丸は八月二十七日に、最後は蟠竜丸が九月十八日に松島湾の東名《とうな》に入港したが、ふたたび集まることができたのは六隻だった。

榎本武揚

榎本艦隊の集結

九月二日には青葉城で列藩会議が開かれ、艦隊を率いる榎本武揚はこれに出席して抗戦を主張した。すでに東北各地での劣勢に、仙台藩は和平に傾きつつあった。北走艦隊は仙台藩から食料の提供をうけてはいるが、これは艦隊の退去を暗に促すものであった。一方、当時仙台には、奥州や越後で新政府軍に破れた兵団が集まっており、旧幕府の伝習隊、彰義隊、新選組などのほか、会津遊撃隊と仙台額兵《がくへい》隊もふくめて約二千名が、この北走艦隊に加わることになった。仙台の地では、船体の修理と食料などの積み込みをした艦隊は、新たに陸上部隊が加わり、また、旧幕府が仙台藩に貸与していた鳳凰丸（五百十総トン、バーク型帆船）と大江《たいこう》丸（百六十トン、百二十馬力）が加わって、男鹿半島西側の折浜《おりのはま》に集まった。榎本艦隊集結の地と呼ばれているところである。十月十二日にはそこを出航し、翌十三日に南部領宮古《みやこ》に寄港した。薪水の補給をして鍬ケ崎《くわがさき》の港を出たのは十八日であった。目的の地蝦夷は、十九日から二十三日にかけて内浦湾に面した駒ケ岳の麓の海岸に上陸した。現在の森町鷲ノ木史跡公園にあたり、「史跡箱館戦争榎本軍鷲ノ木上陸地跡」の碑を残している。上陸時は雪をともなった荒天で、新たに十六名の犠牲者を加えた。すでに新暦の十二月に入っており、大波であったというから、発達した冬の低気圧によって時化《しけ》ていたのであろう。

五稜郭占拠

新政府の蝦夷地の出先機関は、五稜郭《ごりょうかく》におかれた箱館府であった。鷲ノ木の南方四十五キロの地である。まもなく戦いがはじまり、勝ち目がないと判断した箱館府知事清水谷公考《きんなる》は、六百名の兵を青森に撤退させた。一方、回天と蟠竜は箱館に兵を上陸させ、砲台を設置した弁天台場、開港地の税関事務をおこなう運上所、つづいて五稜郭を、銃声をとどろかすことなく占拠した。

先進国の軍事介入警戒

蝦夷地に来着した徳川軍団は、新政府の賊徒ではないという主張のあかしに、内外に折衝と宣伝に勤めた。箱館の外国公使に立場を説明した書簡が当時の新聞にみられる。それは、奉行所占拠のいきさつを述べ、「我輩は松前とは争論いたすまじくと祈り候ゆゑ、彼方より手出しせざる内は、此方より発砲せざるべし……我輩は自己を守るには十分の力あれば、何卒日本の手にて日本を支配せん事を望み、外国より手出しなきやう祈る事也」（新聞「もしほ草」、明治元年十一月二十三日）として結んでいる。内戦に対する西欧先進国の軍事介入はもっとも警戒すべきことであり、新政府ばかりでなく、ここにも英国の動きを牽制する意図がみられる。しかし三日後の同紙は、英艦サテリットが箱館に寄港したとき台場より祝砲を放ったが、同船は答砲の礼式を返さなかったと伝えている。すでに英国は新政府側にたっていた。

　徳川軍団は箱館につづいて渡島半島の南西端の松前城を襲い、十一月五日に落とした。残るは、箱館、松前とともに蝦夷三港の一つ江差《えさし》の攻略であった。ここ

開　陽　丸（石井謙二氏蔵）

開陽丸の座礁沈没

で開陽丸が参戦し、海から大砲を構えた。新政府が恐れていた軍艦であった。上陸してみると、松前軍はすでに撤退していた。しかしこのあと海は荒れ、四百馬力の蒸気機関を備えた新造艦開陽丸は、北海の冬の激浪に翻弄され、江差の海岸で座礁してそのまま船命を終わった。当時、世界最大の木造軍艦の沈没は、水路と気象の情報を欠く運航が

原因であった。十一月十五日のことである。近年、江差の海岸にコンクリートの建造物として開陽丸が復元され、海底の埋蔵文化財が引き揚げられた。「艦内」には多くの遺物が展示されている。それと共に、榎本武揚、荒井郁之助らの蠟人形を飾った展示がある。

続く艦船の遭難

さっそく回天と神速が救助に駆けつけたが、またも風浪に遭い、神速は座礁ののち沈没した。これよりさき、庄内藩支援のために出動していた長崎丸（三百四十一トン、百二十馬力、スクーナー型帆船）も、十月十九日にすでに日本海で座礁し、沈没している。洋上の風浪による遭難はまだまだ続くが、当時の航海はいかに悪天に対する備えが不十分であったかがわかる。後に荒井郁之助は、自然科学の分野で、創設期のいろいろな国営事業に活躍し、最後は気象事業の創設に専念して官職を退いた。この当時の苦い経験がそこではじめて生かされることになる。

投票で行政機構の整備

開陽丸を失ったものの、新政府軍は遁走し、蝦夷地は徳川軍団の手にはいった。当初の目的どおり蝦夷地を治めるためには、行政機構を整える必要があった。そこで陸海軍の士官が集まり、役職を決めるための入札すなわち投票が行われた。その結果は、総裁榎本武揚、副総裁松平太郎、海軍奉行荒井郁之助、陸軍奉行大鳥圭介のほか、行政機構

主権内の仮政庁の設立

フランス公使宛て書状（荒井和男氏蔵）

として、会計などの奉行も定められた。投票に参加した人数は、約百四十名とみられる。職歴と専門に、家格と人望が加味された結果になっている。こうして榎本政権の機構が定められ、十二月十五日に箱館にある各国の領事に新政庁の成立が伝えられた。これが、後に「蝦夷共和国」と呼ばれるようになった組織である。

これは、諸外国が局外中立の宣言を撤廃する十二月二十八日まで、形式的に一政権であった。篠原宏氏は、これを主権内に存在する仮政庁と呼んでいる。この政権の地盤固めに、榎本らは、内にあっては北門警備と蝦夷地開拓の委任を徳川家に求め、外国に対しては、箱館の在外公館に文書を差し出し、みずからの集団を国際法上の正当な交渉相手として認めるように要請した。後に郁之助は、同人誌的雑誌『旧幕府』にフランス公使宛ての文書を寄稿している。奉書紙の巻紙に書かれ、花押があると記されている。この文書については、正本とみられる文書がなぜ作成者側の郁之助の手にあったのか、実際に手渡されたものかどうかなど不明な点もあるが、関係者の手から提供されたもので、当時の榎本政権の意志が読みとれる。

「事実上の政権」

この文書は次のように述べている。すでにこの地を鎮定し、土地の人は安心して日々の仕事についている。従って、要所に鎮台をおいて配置の人選もおこなった。総裁は選挙で決めてこれを報告することとする。つづいて、「我等すでに、我が皇帝陛下に請し徳川家血胤の内一人の君をこの全島の大総督に奉らんこと、我等が待つところなり。我等この全島を平定し、デファクトと致され候をもって、西洋第一月二十七日当港砲台において祝砲一百一発を為さんと取極たり。……十二月十四日蝦夷全島鎮台に代りて海軍総裁榎本釜次郎、陸軍総裁松平太郎」とある。デファクトとは、a defacto government、すなわち「事実上の政権」を意味する国際法上の用語である。

この集団の本来の目的は徳川藩士の生計をたてることで、いわば蝦夷自治区を認めてもらうことであった。しかしこの政権は、新政府からみれば江戸脱走隊だった。列国の局外中立解除をとりつけた新政府は、翌一月中旬には榎本らの嘆願書を不敬として却下した。

六　宮古湾海戦

事態は、いよいよ新政府軍の進攻に備える以外に道はなくなった。郁之助は当時の海軍力を回顧して、諸藩の持ち船をみわたしても開陽丸に次ぐ軍艦は回天丸をおいてはほかになかった、といっているが、先にアメリカに注文した軍艦ストンウォールは新政府の手に入ろうとしていた。旧幕府艦隊は、荒井郁之助を司令官とし、矢田堀の塾で共に数学を修めてきた甲賀源吾を旗艦回天丸の艦長に、毎日戦闘の準備と訓練をおこなっていた。

甲鉄艦との対戦を想定した用意は、兵の訓練に加えて、兵器の改良も試みられた。甲鉄艦の鉄板を貫通して破裂するには、弾頭に鋼鉄を用いた特殊な砲弾を考案し、回天の五十ポンド砲に装塡できるように改良された。火薬や弾薬については、開拓奉行に選ばれた沢太郎左衛門が専門で、当時の第一人者であった。榎本らとオランダに留学したおりには、大砲や火薬について学んだ人である。試射には時間的余裕はなかったが、実戦で試すことにして積み込まれた。

新政府軍進攻対策

明治元年（一八六八）の暮から翌年にかけては、こうして新政府軍の進攻対策で過ぎていった。三月になると、新政府の海陸の大軍が箱館を目指しているという情報が、間諜や米国の領事ライスからもたらされた。すでにストンウォールは新政府の手に渡って甲鉄艦と呼ばれ、七隻の艦隊を組んでいた。このような状況にあって、回天艦長甲賀源吾は司令官荒井郁之助に次のような進言をした。大勢の兵士を乗せた新政府艦隊は、燃料や食料と飲料水の補給に三陸の天然の良港宮古湾に寄港しないはずはない。恐るべきは甲鉄艦のみである。その他は朝陽丸を除けば軍艦と呼ぶほどの船はいない。たとえ回天一隻でも先手を打って襲撃すれば負けることはなかろう。この進言をいれた司令官荒井郁之助は、総裁榎本武揚に諮り、また同行のブリューネにも相談をもちかけた。その結果、回天、高雄、蟠竜の三艦を宮古に進め、甲鉄艦を奪取する計画がたてられた。

甲鉄艦奪取計画

まず蟠竜と高雄が甲鉄艦を両舷から挟んでこれを乗っ取り、回天は他の艦を襲撃して沈没させる手筈をととのえた。不意の襲撃には、国際公法で許されている行為、すなわち、外国旗を掲揚したままで接近し、発砲直前に旭日旗に取り替える戦術がとられた。旧幕府側の三艦には、フランスの将兵ニコール、コラシュ、クラトウがそれぞれ回天、高雄、蟠竜に観戦武官のようにして乗り込んだ。甲鉄艦奪取の計画は、ニコールの指導によるものであった。アボルダージュ（英語のBoardingのこと）、すなわち接舷攻撃という当時の西欧の海戦で勝利を収めた戦法が日本の内戦に応用された。成功すれば、フランスの将兵にとって本国で一つの功績として認められることになる。幕府に入れ込んでいたこの人たちとしては、最後の機会であった。後にコラシュが参戦の動機を供述したところによると、英仏はかねてから不和につき、幕府に加担して新政府側にたつ英国の不利益をねらったといっている。青年見習士官の単純な情勢判断を出ていない。

三艦は、三月二十日の夜箱館を出航した。その後の戦況は、郁之助がのちに『旧幕府』に寄稿した「回天丸」に詳しく書き残されている。宮古湾のやや南の山田湾に集合する予定で三艦は南下した。しかし夜になるや気圧計の指針は下がりはじめ、ついに激浪となって、三艦は離ればなれになった。二十四日の明け方に風はやや弱まったが、波はなお高かった。それでも高雄は集合地山田湾に辿り着いた。やむなく、回天と高雄の二艦でアメリカとロシアの国旗を掲げ、宮古湾に向かった。しかし、高雄は機関に故障をおこし、ついに襲撃は土方歳三《ひじかたとしぞう》を総督とした陸兵が乗り込んでいた回天一艦のみで決行された。

郁之助のほかにも、宮古湾海戦に参加したいく人もの人がその時の状況を書きとどめている。襲撃を受けた側の新政府軍には、後に新政府で連合艦隊司令長官を勤めた東郷平八郎が三等士官として春日艦に乗り組んでいた。雑誌『有終』に「回天艦の来襲に遭う」という記録を残している。それをたどると、回天の来襲を受けたときは、「三月二十五日午前四時半総員起床の鼓音に目を覚して起出でた……折しも一檣一烟突の一艦が米国軍艦旗を明け渡る空に翻しつつ進んできた。我が各艦の乗組員は上甲板に集つて投錨の有様を見物せんと談笑しつつあつた」と奇襲の成功を綴っている。つづいて、「星条旗は急に下がりて日の丸の旗が颯《さつ》と揚がり、その艦首は旋回して甲鉄艦の右舷中央に直角に乗りかけた……数個の弾丸は早くも甲鉄艦上に迸つた……賊艦の舷側は我より高いのを見て、乗員は小銃や鎗刀を取つて敵兵の侵入にそなへた」とある。この甲板の高低差は一丈もあって、郁之助によれば、

宮古港戦蹟碑

陸兵が躊躇して先発隊につづくのが遅れた。これは甲鉄艦の機関銃ガットリングによる応戦の機会をあたえ、旧幕府軍の苦戦の原因となった。

東郷平八郎の宮古湾海戦回顧談は、つづいて、甲賀源吾が銃弾に倒れたときの状況を語っている。いよいよ勝ち目がないと判断した司令官荒井郁之助は退却の命令を発し、舵手が倒れればみずから艦をあやつり箱館に船を向けた。のちにこの海戦を見下ろす丘に、宮古港戦蹟碑が立てられて、東郷平八郎の篆額をあげて詳しく戦況が述べられている。回天は意外に堅牢な船で、この後十二ノットの速力を維持して、二十六日の午後三時頃箱館に帰港した。

七　箱館戦争

戦闘記録の「回天丸」と参謀届書

戦闘記録「回天丸」は、箱館に引き返してから旗艦回天の最後までを、日を追って綴っている。回天乗員側の行動をみると、翌日早朝、死者を埋葬して傷者を病院に収容し、船中の掃除と砲座の修理をして敵襲に備え、後任の艦長を定めている。四月八日には、再度の戦闘の準備が整ったところで、船を青森に出動させ、新政府の艦隊が青森港を出航したところを見届けた。一方、新政府側からみた戦況は、「太政官日誌」の海軍、陸軍、海陸軍の各参謀の届けに見ることができる。箱館陸軍参謀届書によると、四月六日から行動を開始している。六日は、海陸軍は青森港を発ったが天気が思わしくなく、平館《たいらだて》へ留まった。八日に同地を出発し、九日には乙部《おとべ》村に上陸しかけたところを、山上から幕府軍二、三十人による発砲をうけ、それを松前の兵が打ち払った。こうして新政府の箱館奪回の進攻が始まった。

郁之助は、つづいて詳細な戦闘記録を残している。四月二十日は、回天で箱館港を出て沖合を巡航し、はるか遠くに敵艦春日の煙を認め、相互に発砲ののち、日没となって引き返した。四月二十四日になると、午前十時、五隻の敵艦、甲鉄、春日、朝陽、丁卯、加賀が箱館港に来襲し、蟠竜と千代田形と陸の弁天台場が応戦した。午後五時に敵艦は退いて戦闘は止んだ。旧幕府側の公式の戦闘記録はみないが、個人による記録として日日の行動がくわしく書かれている。参謀届書のほうは、二十日は、木古内《きこない》口で薩州・長州・大野・福山の兵隊と備州砲二門に臼砲二門をもって進撃し、同所の砲台を乗っ取り、札刈《さつかり》村まで進撃して賊の輸送路を断った。賊軍は三面より襲来したので、新政府軍は引き返した。二十四日になっても勝敗はまだ決まらず、戦況は海陸とも拮抗していたことが両者の記録にみられる。

艦船による攻防

その後の状況から互いの艦船の動きを抜粋すると、次のとおりである。旧幕府側からみれば、二十六日に敵艦五隻が来襲した。回天、蟠竜、千代田形と台場の砲で応酬し、午後になって敵艦は引きさがった。五月二日の朝七時ころ敵艦が来襲。蟠竜、千代田形で共に応戦。午後二時、敵艦退く。五月四日朝七時ころ敵艦来襲。蟠竜、千代田形で応戦。互いに死傷者がでた。こうして攻撃と応戦がつづいた。しかし、七日になると、蟠竜は機関に水漏れをおこし、千代田形は浅瀬に乗り上げて、やむなく放棄の処置がとられた。また、回天は機関室に砲弾をうけ、これは致命傷になった。郁之助の説明によると、総計百五発の砲弾を受けたが、その一つがエキセンテレーキを壊したという。運転の自由を失った回天は、台場を背に浅瀬に乗せられた。そのため片舷に砲を集めて海岸の砲台のようになった。これで新政府軍は攻撃の道が開け、箱館戦争は一気に終結に向かうこととなった。

十一日の参謀届書によると、「払暁、有川口ノ兵隊伊州一中隊、津軽一中隊、徳山一中隊、長州備州臼砲一門宛、山背泊《やませどまり》ヨリ上陸、薩州一中隊、長州一中隊、筑後一中隊、松前一中隊、備州、福山、松前臼砲一門宛寒川ヨリ揚陸。三時三十分海陸軍大挙進撃」

とあり、兵の上陸と砲の陸揚げで箱館周辺の戦力の増強が計られた。これを契機に新政府軍は優勢に戦いを進めることになった。

回天丸の最後

いっぽう旧幕府軍は、いよいよ窮地に追い込まれて、「五月十一日黎明、敵艦来たり襲ふをもつて応戦す」、しかし、「函館山上に人の群集するを見る。よくこれを見れば敵兵なり。依つて急に砲を転じて山上に向けてこれを打つ。しかるに敵兵函館市内に入り、小銃をもつて船中に乱射するをもつて、端舟を卸ろして乗込み、一同を載せて五稜郭に引揚ぐ。まさに舟を去らんとするとき、大砲に大門針を打ち、船内に火を放つて去るをもつて回天の最終となす」として、「回天丸」の話も終わっている。これで北走艦隊の艦船はなくなり、弁天台場、千代ケ岡砲台や元津軽陣屋などを守っていた者を除いて、五稜郭に立てこもることとなった。千代ケ岡砲台が十六日に敗れたときには、わが国最初の国産洋式帆船鳳凰丸の建造に携わり、長崎海軍伝習所で学んだ中島三郎助父子三人を失った。

五稜郭開城

しかし、食料と弾薬の補給のない籠城は成り立たない。旧幕府軍は降伏の勧告を受けいれ、まもなく五稜郭は開城した。新政府陸軍の参謀届書は、四月六日からの報告を次のように結んでいる。「十七日朝、松平太郎、榎本釜次郎亀田斥候所ニ来タリ歎願ス。

十八日朝七字（時）松平太郎、榎本釜次郎、荒井郁之助、大鳥圭輔（圭介）陳門ニ降伏ス。監軍有地志津摩《ありちしずま》、斥候不破《ふわ》一学、海軍々監前田雅楽《うた》立合ヒ左之書付（降伏条件の書き付け）相渡。降伏相済ミ、長州一中隊警衛、不破一学騎馬ニテ箱館寺院ニ送ル。午後二字兵隊小者千八人降伏。各藩兵隊ヲ以テ箱館寺院へ護送。五字五稜郭及兵器請取候」。

郁之助は、先の回天の記録「回天丸」を、箱館戦争終結のほぼ三十年後に発表した。「荒井家伝記」では、歩兵戦の薩摩屋敷襲撃については、いっさい説明していなかったが、幕府艦隊の海戦になると、うって変わって詳しく述べている。攻撃の対象が人から船に変わると、記録に書きとどめやすくなったものとおもわれる。

八　辰之口糾問所

戊辰戦争の終結

北門警備のために築かれたわが国最初の城郭五稜郭は、内戦にその舞台を提供して使命を終わった。五月十八日に先の四名が新政府の軍門に下り、ここに戊辰戦争の終結をみた。戦をとおして、双方に多くの犠牲者がでたが、新政府は旧幕府軍の死者を弔うことを許さなかった。函館近辺にある当時を語るいくつもの記念碑のなかに、よく知られたものに碧血碑《へきけつひ》がある。ところが、この碑については揮毫者が誰なのか、また碑には建立の発起人の氏名もみあたらない。戊辰戦争の犠牲者の霊を慰めることに新政府の眼は厳しかった。

五稜郭で降伏した人たちにも、新政府は厳しい扱いをした。郁之助とは降伏から獄中を共にした大鳥圭介は、のちに「南柯《なんか》紀行」と題して当時のことを書き残している。それによると、翌日十九日には弁天台場で降伏した永井尚志、松岡磐吉、相馬主計が加わって青森に渡り、弘前からは榎本と荒井ら計七名が縄を張った籠に乗せられ、四十日を費やして六月三十日に江戸城大手門前の辰之口《たつのくち》まで送られた。戦没者も降伏した人も、ともに反逆者としての扱いをうけた。

明日もわからないとき、古来、人は歌に心境を託してきた。五稜郭を後にした人も、それぞれ歌を残している。榎本と大鳥は七言絶句を、郁之助は和歌を詠んだ。

すつる身もなに厭ふへき誓ひてし人のいのちの惜しとおもへは

上の句に別の字句をあてた紹介もあるが、これは「北海道百人一首」として、榎本と大鳥の詩とともに選ばれた歌である（『河野常吉著作集〔三〕』、昭和五十年、北海道出版企画センター）。

牢のある軍務局糾問所は、先年まで大手前歩兵屯所といい、郁之助と大鳥が毎日出勤していたところである。また、そこの牢屋は、一昨年歩兵取締《とりしまり》のために建てたものであると大鳥はいっている。両人は、自分たちが建てた牢に入ることになった。ここに送られるや、まず、榎本をはじめ先の四名が並んで、砂利の上のむしろに正座して取調べの役人に対面し、揚屋《あげや》に入ることを申し渡された。腰に細縄を付けて白洲を下がり、二年半におよぶ獄中生活が始まった。

牢の状況は、当時のことであるから蚤と蚊に悩まされ、三度の食事に菜はなく、風呂は十数日に一度という有様であったという。十三畳に二十四、五人がひしめき、最初のころは、とても何カ月と生活できそうなところではなかった。収容者は日々出入りがあり、しばらくすると、歩兵の職にあったものなどは、各藩へ預けられて出獄した。はやくに出牢していたが、元フランス軍人のコラシュも入牢していた。新政府は、旧幕臣の叛乱にフランス政府の関与があったかどうかを、コラシュから聞きだすのが目的であった。

家族の差し入れ

取調べが進み、先に籠で護送された七名は、それぞれ七棟の牢に分けられた。新政府のなかには斬罪を主張する強い意見があり、出獄はおろか、命の保証はなかった。しかし世の常で、牢番にたのめば、厳禁の飲酒も薬の名のもとに焼酎を求めることができ、世間の食卓にあるものも口にすることはできたとある。また、収容が長期になってくると、家族の差し入れもあったことが大鳥の日記にみられる。不思議とそれは、荒井方から、という記事しか出てこない。明治三年の三月から七月にかけては、こまめにその記事が書かれている。「三月二十九日、荒井方から牛肉と衣服の差し入れがあった。四月十九日、荒井方から洗濯物と重《じゅう》の内《うち》との差し入れがあつた……六月二十九日、荒井方から衣服、食物並びにフランス兵書の差し入れがあつた」といった調子である。郁之助の家からは、半月に一度の割で差し入れに来ている。中秋を迎えた九月十三日の記録は、「新聞紙を求む、荒井君より観月の団子贈らる」とあり、荒井家の家族の情愛の細やかなところがみられる。もっとも、面会は許されていなかった。

入牢中の余暇対策は読書である。獄中日記は、「書物類ははなはだ払底なれども、諸人各自に申し合せ取寄せしものは、日本外史、詩韻含英、安政三十二家絶句、地球略説、宋詩選、膝栗毛本などなり」と、なかなかその範囲は広い。しかし、榎本、大鳥、荒井らの欧米科学技術の修得にたいする熱意はなお旺盛で、獄中日記の七月二十四日の記事は、「大鳥は榎本、沢、荒井等と申し合せ、ガイ氏の窮理書を共訳することを約して、圭介は開巻より大気篇までとして本日から訳し始めた」、同月二十九日には、「オランダ人バウム・ウエル氏の舎密《せいみ》書を読み始めた」とあり、物理・化学の教科書をてがけている。大鳥の科学技術にたいするこの蓄積は、出獄後まもなくして欧米の製造工業の視察をし、早くも明治七年に「石炭篇」という分厚い報告書をまとめることに役立ったようである。

榎本は獄中での著作が多い。加茂儀一氏によると、石鹼、西洋ローソクの製法、人工孵化器のこと、メッキ法、硫酸の製法などオランダの工業技術について多くのことを書き残したという。それを「開成雑俎《ざっそ》」にまとめたが、それは現存しない。しかしそのうちの一部であろうか、「石鹼製造法」の表題の原稿が残っている。毛筆の縦書きで、半紙四十八丁よりなるオランダ語と図が随所にみられる書き物である。内容は、「アルカリとはアラビヤ語にて、アルは冠詞、カリは草の名なり。昔アラビヤ人、カリと○×草を焼きて、その灰を薬種に用ひてアルカリといふ」(原文は片仮名書き)と化学の基礎から始めて、実用技術の説明をしたものである。

英和辞書編さんの逸話

当の郁之助は、差し入れによって書物に事欠かなかったようである。大鳥圭介のいう共同の翻訳が、蘭英いずれで書かれた書物かは判明しない。郁之助が辰之口に入牢中に、英語の辞書を編集したという話がある。のちに述べることになるが、英和辞書の本文について、郁之助は新規の編さん作業をおこなってはいない。結果的に刊行の下準備になるくらいにはウエブスター辞書に親しんだことはあっても、英和辞書編さんの話は逸話の域を出るものではない。内外の書を読み、退屈な毎日を送った牢内の人は、大島のほかにも日々の思いを書き残していたものと思われるが、郁之助には入牢中の日記も書き物も残っていない。

斬罪と助命

榎本ほか、主要人物の扱いについては、斬罪にすべきであるという強い意見があった。特に長州出身の木戸孝允《きどたかよし》の意見が強行であったという。それに対して、また強く助命を主張した人もあった。先の戦いで陸軍参謀を勤めた黒田清隆《くろだきよたか》である。政府部内の意見がこのように対立していたので、取調べはなかなか進まなかった。その間、二年半に及ぶ獄中の集団生活をまっとうするには、心身共に頑強でなければならない。蟠竜丸艦長の松岡磐吉は、ついに獄中で病死をとげた。また、獄中日記には、発狂ののち死亡した人の記録もみられる。辰之口の牢に収監されていた人は、多くは心身の健康に恵まれた人であったのであろう。加えて、これらの人びとは、科学技術を中心にして、当時の西洋事情に詳しかった。発足はしたが人材不足の新政府では、このような人の能力を必要としていた。

第五　開拓使出仕のころ

一　出獄再出仕

黒田清隆の計らい

二年半に及んだ獄中生活は、明治五年（一八七二）一月六日をもって終りを告げ、五稜郭に破れて獄にあった榎本武揚や荒井郁之助ら幕臣十名が出獄を許された。これは、先に五稜郭の戦いで新政府の陸軍参謀を勤めた開拓使次官黒《くろ》田《だ》清隆《きよたか》の計らいによるところが大きかった。黒田は、かつて、将兵としての立派な見識と高度な近代科学技術を身につけた旧幕府軍首脳を高く評価し、再三、投降を促した。また、これらの将兵が入獄してからも、赦免の努力を惜しまなかった。

榎本らの罪状は、朝敵の汚名をおびたきわめて重いもので、薩長の高官のなかには、榎本斬罪の強い主張があった。しかし、薩摩藩出身の黒田の助命運動は、ついに西郷の強い支持をえて、赦免にこぎつけた。この助命運動を助けたものに、福沢《ふくざわ》諭吉《ゆきち》の関与があったという。五稜郭にたてこもっていた榎本は、オランダ留学時の講義筆記録「海律全書」を黒田に贈り、日本に一冊しかない有用な講義録を世に残そうと試みた。これは榎本のスタンドプレーであったかもしれない。黒田より、このオランダ語の筆記本の翻訳を依頼された福沢は、講義筆記は本人しかわからぬものとして初めの数行だけを丁寧に訳し、「誠に惜しい宝書でござる」との一言を添えて返した。さらに福沢は、社会的な体面はともかく、命だけは助けておかないことには、あとで後悔しても始まらないとの福沢流儀の意見を述べて、赦免の応援をしている（『新訂福翁自伝』、昭和五十三年、岩波書店）。その後、「海律全書」は朝議でもその重要性が説かれ、助命運動の側面援護の役を果たした。郁之助らの赦免は、こうして榎本武揚の扱いいかんにかかっていた。

出獄

出獄は、まず首領の榎本が、明治五年壬申正月六日付の太政官の特命で獄を出て親類お預けとなった。郁之助らについては、松平太郎ほか八人に特命がくだり、赦免となった。ほか八人は、順に荒井郁之助、永井尚志、大鳥圭介、沢太郎左衛門などのほか、すでに亡くなった松岡磐吉の名が書き添えられている。榎本については、遅れて三月七日に特命をもって改めて罪の許しが申し渡された。

こうして、賊軍の汚名のもとに敗れた幕臣は、すべてその罪を許された。これらの人の多くは、当時、西欧の科学技術がわが国に輸入される窓口にいた人である。長崎の海軍伝習所に学んだり、それに関係の深かった人たちである。新政府としては、赦免反対の意見もあったが、人材不足のおりから登用が得策であった。いたずらに体面にこだわることのない新政府の実利的な判断であった。降伏から出仕までの碑文の説明は、「東京に檻送され、獄に繋ること二歳なり。五年、赦を蒙り徴《め》されて開拓使出仕と為る」とある。政治犯が釈放されて、日をおかず政府の中堅幹部の職に就いたのである。

新政府に出仕

新政府の受入れは、はやくも永井の少議官の任命が正月九日付で発令された。同月十二日には、荒井、大鳥が開拓使御用掛の辞令を受けた。二十日には大鳥が開拓使五等出仕となり、つづいて二月十四日に開拓使と兼任で大蔵少丞に任命されている。沢の場合は二月五日兵部省六等出仕、二月九日には松平が開拓使五等出仕、郁之助はさらに二月二十三日に五等出仕の辞令を受けた。最後に榎本が、三月八日付で開拓使四等出仕に任命された。幕府の役人として、最後は榎本が荒井より上位の地位にあったので、新政府の地位も榎本のほうが高い。徳川に仕えて西洋の近代科学技術を身につけた人たちは、こうして許され、新政府に登用されていった。

ここに新政府に登用された人たちのうち、榎本はのちに海軍卿を勤め、新内閣制のもとでは逓信、農商務、文部、外務の各省の大臣を歴任した。大鳥圭介は工科大学長、学習院長を勤め、明治初期の工業界の第一人者といわれた。後年、いずれも荒井郁之助と科学技術の分野で活動を共にする人である。兵部省に出仕した沢は、すでに幕府の海軍にあってオランダで火薬の技術を修得しており、新政府では海軍兵学校教務副総理・海軍一等教官を勤めることになる。これらの人びとはいずれも長崎海軍伝習所に学び、江戸の軍艦操練所では荒井郁之助と共に教授陣にあった。

出獄した旧幕臣にふたたび出仕先を提供した政府機関の一つ開拓使は、維新後まもなく設置された新政府の意欲に満ちた事業官庁であった。未開の地北海道を直接政府が開発する機関として、太政官のもとにおかれた。徳川の手による北海道開発の許可を願い出て始まった箱館戦争であったが、意外にもその首脳の幾人かは、新政府のもとでその事業に携わった。なかでも、郁之助は深くかかわることになった。

二　仮学校と女学校

開拓使顧問にケプロン

明治二年（一八六九）八月、蝦夷地の呼称は北海道と改められた。初代開拓使長官には鍋《なべ》島直正《しまなおまさ》（閑叟《かんそう》）が、まもなく第二代開拓長官（二代目以降は開拓長官）に東久世通禧《ひがしくぜみちとみ》が就任し、黒田清隆が翌年九月に開拓次官に任命された。事業の事実上の計画推進にあたったのは黒田であった。政府は黒田を欧米に派遣し、調査を命じた。米国の大統領グラントは、事業推進の知恵袋を求めていた黒田に、時の連邦農務省長官ホレス・ケプロンを推せんした。当時政府に招かれて来日した欧米のお雇い外国人には、しばしば、本国でも第一級の人物が少なくなかったが、開拓使顧問もその例に洩れなかった。ケプロンはすでに六十歳の高齢で、明治八年五月までの四年八カ月を一万ドルの年俸で勤めた。その職務は開拓使顧問兼お雇い教師頭取であった。

開拓事業と教育

黒田とケプロンが進めた開拓事業は、まず、欧米の技術者の採用、留学生の派遣、そして開拓使が独自におこなう専門教育であった。その学校には女学校が併設され、五人の女子の米国留学も実施された。そのうちの一人に、後の津田塾を創設した津田梅子がいたことはよく知られている。このように、事業の運営にあたっては、当時としてはきわめて斬新的な方策がとられた。そこには、新しい時代を迎えて理想に燃えていた黒田の運営方針をみることができる。その開拓使で郁之助がかかわったのは、まず教育であった。

仮学校の開設

北海道大学は、その源流を明治九年（一八七六）八月の札幌農学校の開設にさかのぼる。さらに、「札幌農学校の成立について述べるには、その前身である仮学校《かりがっこう》について触れておかねばならない」と、『北大百年史』は記している。出獄してまもない郁之助が奉職したのは、この仮学校であった。設置は明治五年三月、開校は同年四月十五日である。郁之助の仮学校就任について、碑文は、「首《しゅ》として農学校を刱《はじ》め、米国人を聘《よ》んで耕耨《こうどう》を講習す」と説明している。アメリカから教師を招いて農学の講習をし、校長の職務に就いた、という内容である。実際に校長の辞令が発令されたのではなく、事実上、校長格であったと理解されている。農学校とあるのは、教育内容を明示したもので、また、このようにも呼ばれていたのであろう。仮学校の名称は、本来なら札幌に開設すべきものが間に合わないので、仮《かり》に東京においたので、このように命名された。むしろ農学校の名称がふさわしい。

開拓使が独自の学校を設けて北海道開発に必要な人材を育成したことについて、郁之助は、みずから編集した『英和対訳辞書』の序に考え方を述べている。北海道と樺太の地は緯度が四十二ないし五十五度に及んでいるが、ヨーロッパ北部の国々に比べれば、これでも温暖な中緯度に近い。それなのに北海道の開拓が進んでいないのは、「人智開けずして学問の進歩遠く彼に及ばざる」ため、と指摘している。したがって西洋諸国の書物の勉強を始めなければならない。西洋の学問を身につければ寒い北国の開発も進むはずである、といっている。

開校当時の生徒には、官費と私費のいずれによる者もいたようである。生徒数は、定員を百名としていたが、中退も多かったこともあって、実数はつかみがたい。第一回入学生の記念に撮影したと思われる写真（『荒井郁之助伝』）では、約七十名が数えられる。一方教授陣は、外国人教師の名前が十名ほどあがっている。生徒二、三人に一人の教師がいたともいわれている。

仮学校の教科

学科は普通科と専門科をおき、その内容は、普通科が英語、漢語、手習、画学、日本地理、究理学、歴史、舎密《せいみ》、器械、測量学、本草《ほんぞう》学、鉱山学、農学を用意し、専門科では地質学、建築学、禽獣学が加わっている。ここで究理学、舎密は、今日の物理学、化学にあたる。この学科内容をみると、仮学校はそれを別名農学校と呼ぶより、農学と工学を併せた農工学校とみるほうがよいかもしれない。この学科の選択は、ケプロンの方針によったものとおもわれる。米国では、一八六〇年代にモレル法が成立し、州立大学には農工の学部が設置されるようになった。南北戦争の終わった米国では、ヨーロッパのような神学と法学に文理を加えた中世以来の大学教育と異なり、開拓事業の必要から農工の授業を大学の教科に取り入れるようになっていた。北海道開拓は、ちょうど、米国大陸の開発と同じように考えて、米国の行政経験をそのまま日本に移して計画されたものとおもわれる。

女子教育の推進

開拓使事業のなかで忘れられないのは女子教育である。黒田は開拓使事業の運営にあたって、教育の促進について政府に意見書を提出した。そこでは、まず人材の必要を説き、その育成は教育にたずさわる母親の力に待つところが大きいことを述べている。これは彼の欧米視察の成果の一つである。意見書の実行は、教師も施設もないままでもすぐに実施できる女子留学生の派遣から始まった。つづいて女学校の開設に移り、それを仮学校に併置した。女学校は、仮学校より半年おくれて明治五年九月に開校され、郁之助は女学校の校長も引き受けることになった。

女学校の設置目的は、将来、北海道にわたって仮学校卒業生と結婚し、夫婦として北海道開拓事業に従事する女子の教育にあった。入学年齢は十二から十六歳を原則とし、主に北海道居住者から適格者が集められた。授業科目は地理、算術、歴史、語学、手芸が行われていた。教師にはオランダ人二名があがっている。米国人ケプロンを顧問とし

荒井郁之助と家族（国立国会図書館憲政資料室蔵）

た開拓使事業なので、英語に通じたオランダ人であったろう。当時の新聞は大学で教師の資格を取得した人たちであると述べている。仮学校と女学校は、こうして外国人教師がそろっていた。校長格の郁之助が、直接、科目の担当をしたという記録はないので、学校の経営管理を職務としたものとおもわれる。

開校当時は五十名の入学者を受け入れていたようである。このなかには開拓使の職員の子女の名前もみられる。校長荒井郁之助の娘常《つね》、大鳥圭介の娘品《しな》と雪《ゆき》、郁之助の後任として仮学校長を勤めることになる調所広丈《ずしよひろたけ》の娘岩《いわ》のそれぞれが入学している。また、当時の在日地震学者ジョン・ミルンの妻となる願乗寺（のち堀川）登禰《とね》の名前もみられる（『北大百年史』）。この二人の結婚については、のちに郁之助が仲人をつとめている。

三　幕末維新の英語事情

オランダ語から英語へ

郁之助のこれまでの経歴で不思議におもわれるのは、慶応の終りまで英語の勉学については一言も述べていないが、のちに、英和辞書の編集と英書の翻訳をおこなうなどの業績を残していることである。慶応三年の暮で終わっている郁之助の手記は、安政二年（一八五五）の蘭学入門と、慶応元年（一八六五）ころの陸軍における仏蘭西伝習、すなわちフランス式軍事とフランス語の伝習を記しているが、英語を学んだことは一切語っていない。荒井家は、父清兵衛は死の床でもオランダ語の地理書を読み、叔父矢田堀景蔵は長崎海軍伝習所でオランダの軍人から講義を受け、のちに自然科学系の専門用語辞書『英華学芸詞林』を世にだしたように、西洋の語学に深くかかわってきた家系であった。おそらく、父親譲りの語学の才能を活かして、西洋科学技術の修得の合い間に英語を身につけたものとおもわれる。オランダ語ならばわかるとおもっていた福沢諭吉が、すでに安政六年に横浜の街を歩いて、「ちょいとも言葉が通じない。……書いてある文字は英語か仏語に相違ない。……それ以来一切万事英語と覚悟を極《き》めて……」と決心している。郁之助とて、オランダ語から英語に乗り換えることを意識しなかったはずはない。

郁之助の叔父成瀬《なるせ》善四郎《ぜんしろう》が、日米通商条約の批准書交換の遣米使節新見《しんみ》豊前守《ぶぜんのかみ》の従者として渡米したのは安政七年である。そのとき善四郎は「米国海岸測量報告書」を土産に持ち帰った。この報告書は、「余に好材料を与へ給ひしなり」と、郁之助の手記は英語とのかかわりを述べている。このことから判断して、英語の勉強を始めたのは安政四年の軍艦操練所に出入りを始めたころであろう。そこでは、オランダの教師とはすでに縁が切れている。それから七年間の海軍勤務時代が、英語に近づいたときとおもわれる。元治元年（一八六四）には講武所に配置換えとなり、むしろフランス語の必要に迫られ、つづいて戊辰戦争にまきこまれた。このような経歴からみて、郁之助の英語の修得は、軍艦操練所時代の仕事の合い間に行われたと考えられる。

安価な英和辞書の必要

この当時の専門教育は、まだ外国人教師にたよるほかはなかった。開拓使仮学校の場合は、ほとんどが米国人で、生徒は英語の授業は通訳をとおして聴くが、教科書では英文を読む必要があった。生徒にとって英和辞書は必需品であった。当時、英和辞書の存在そのものは、すでにめずらしいものではなく、明治の始めまでにいくつも刊行されていた。ただ、それがきわめて高価だったため、一般初学者の手に届くものではなかった。

開校してまもなくの仮学校は、なんとか安価な英和辞書を用意することが急務であった。

幕末の英和辞書

日本で初めて英和辞書が編さんされたのは、実に、文化十一年（一八一四）にさかのぼる。和蘭通詞《おらんだつうじ》たちがオランダ商館長ズーフのもとに完成した『諳厄利亜《あんげりあ》語林大成』である。しかし、これは幕府の蓄書和解《わげ》御用の業務用に編まれたもので、部外利用は厳重に禁止されていた。黒船来襲を契機に時代は急転し、文久二年（一八六二）に『英和対訳袖珍辞書』が出版され、二両二朱だせば求めることができるようになった。それを追って慶応三年（一八六七）にはヘボンの『和英語林集成』が出版された。これは、内容の充実はともかく、一部十八両と考えられないほどの高額であった。さらに、人手を経るごとに高値がつき、六十両にまでなったという（望月洋子著『ヘボンの生涯と日本語』、昭和六十二年、新潮社）。

当時の外国語辞書事情

当時の英語辞書の値段は、生活費と比べるとたいへん高価であった。幕末から維新のころの書生は、辞書の利用にさまざまな苦労話を残している。福沢諭吉はオランダ語の学習を回想して、「ここにズーフという写本の字引が塾に一部ある。……蘭学社会唯一の宝書と崇められ、それを日本人が転写して、緒方の塾中にもたった一部しかないから、三人も四人もズーフの周囲《マワリ》に寄り合つてみていた」（『新訂福翁自伝』）と述べている。いわゆる『道布波留満《ずーふはるま》』のことであろう。この辞書は印刷の許可がおりず、写本は五、六十両もしたという。明治になっても辞書の所有は学生にとってまだままならない状況がつづいた。慶応義塾のある福沢門下生は、「我々の支出のうち一番高いのは書籍代であったが、塾の方で毎月安い損料で（辞書を）貸してくれたから助かった」と当時の様子を述べている（東京日日新聞社会部編『戊辰物語』、昭和五十八年、岩波書店）。西洋の書物を学ぶためには、辞書をいかに安く学生の利用に供するか、教育者が頭を痛めたところであった。

四　荒井郁之助編『英和対訳辞書』

開拓使発行の英和辞書

開拓使仮学校は、開校後まもなくして、英和辞書を発刊した。明治五年（一八七二）七月、荒井郁之助編、開拓使発刊『英和対訳辞書』である。発行は書肆《しょし》小林新兵衛（東京日本橋二丁目）とあり、本文五百三十二丁、付録二十九丁、菊判を横にした木版印刷で、いまも手にすることができる。大きさは、A5版より少し大きく、縦十五センチ横二十一センチ、厚さは十五、六センチほどになる。この辞書は箱枕の大きさだったので、仮学校の生徒はこれを「枕辞書」と呼んだという。和紙に印刷し、折り畳んで綴じるので、一丁は二ページになる。印刷は、半丁二段組で一段二十二行になっている。したがって、一本文は約四万七千行あり、一行一見出しの語が多いので、四万語近くの単語が収録されていると推定される。

その序文は、「此書を刻して以て生徒に授くと云ふ」と結んでいる。別に、試験の後で、成績の優秀な生徒に、文明開化の象徴的な品物である時計や蝙蝠傘とともに、この英和辞書が褒賞として授与されたという話もあるので（『北大百年史』）、序文の記述は、学校の備品を生徒に貸し与えたということであろう。この『英和対訳辞書』の発刊で、仮学校の生徒は一人ひとりが辞書を手元において英語の勉強ができるようになった。荒井郁識と記した序文の日付は、明治五歳壬申七月、郁之助の出仕の日からまだ五カ月目である。奥付には、「明治五年壬申晩夏刻成」とあるから、序文を記して日をおかず発行されていることがわかる。

『薩摩辞書』を踏襲

序文につづいて、発音符号を説明した音調基表があり、つづく本文のほかは、付録に不規則動辞表、略語解、数学の記号や貨幣の単位などを示した象形記号之解、各国貨幣度量表、諸元素名称及其略称表訳からなっている。なお七項目の例言をあげている。

ところが、ここにやや誤解を招く怖れのある表現がみられる。例言の第一に、「是書は英華辞典、ウエブストル氏辞書等を校して之を梓行《しこう》す」とある。おそらくこれが、のちに郁之助が獄中で英和辞書を編さんしたという逸話を生む元になったのであろう。これを、いくつもの外国の辞書を手元において、（獄中で）年月をかけて辞書を編さんしたと読んだのではなかろうか。『日本英学資料解題』（大阪女子大学）がすでに指摘しているところであるが、この辞書は、維新直後に刊行されたいわゆる『薩摩辞書』をほとんどそのままの内容で印刷している。このほか、例言のなかに述べている、漢字にルビを付けたこと、発音記号を示したこと、各国の度量衡と通貨の単位の一覧表を用意したことについても、いずれも『薩摩辞書』の内容を踏襲したものである。本文の一行の字数は異なるが、書体は『薩摩辞書』のものである。惣郷正明《そうごうまさあき》氏の指摘では（『日本英学のあけぼの』）、『薩摩辞書』の新版『和訳英辞林』を切り取って版木に貼りつけ、手彫にしたといっている。わずかに、増補とおもわれる単語もみられるが（たとえば、equiangular, equidistance）、『薩摩辞書』の版の違いもあるかもしれない。『日本英学資料解題』の調査をうけいれるべきである。

元来、外国語の対訳辞書が個人のオリジナルな仕事であるはずはなかろう。ここにいう英華辞典とウエブストル辞書から学んだというのは、これらの辞書を座右において、大いに活用していたと理解するほかはない。その活用していた英華辞典が、どの辞典で

付録に新しい試み

あったかはわからない。しかし、当時すでに英中をむすぶ辞書は、香港では『英華字彙』、日本でも柳沢信大の同名の辞書が出版されていたという（『日本英学のあけぼの』）。また、福沢諭吉は、アメリカから『華英通語』という英会話の本を持ち帰り、それを翻訳して『増訂華英通語』として出版している。なんらかの英華辞典の入手に困難はなかったろう。もう一方のウエブストル辞書は、米国の国民辞書とでもいうべきNoah Webster による辞書（A Dictionary of the English Language）であろう。これは、一八四七年に改訂版が出版され、また一八六四年版のものもある。郁之助の叔父成瀬善四郎が外国奉行組頭として渡米したおり、おそらくウエブスター辞書を持ち帰ったにちがいない。

しかし、この『英和対訳辞書』にも、いくつか新しい試みをみることができる。例言にいう「舎密、鉱山の語は教師アンテセルに質し、その緊要なるものを輯めて之を挿入し以て付録と為す」、すなわち、仮学校教師アンテセル（アンチセルの異称）に相談して作成した舎密（化学）と鉱山の用語集、諸元素名称及其略称表訳（Table of the Chemical elements with their symbols）二十六ページを巻末に掲載したことである。また、「化学語の末に比較量を記して初学の便覧に備ふ」、すなわち、化学用語に化学記号を付記したり、化学と物理の用語のほかに鉱石の呼び名も加えたことであろう。この部分は、仮学校の専門授業で、日英化学用語集として、おおいに利用されたにちがいない。

化学物質の説明には、次のような例がみられる。

Chloride of sodium : NaCl 格魯曹冑母（食塩）

Rock salt : NaCl 石塩（土中ヨリ得ル所ノ食塩）

その他の理化学用語については、

Cathode : 越暦器（エレキ）の消極

Soda ash : 曹達灰（粗製ソーダ）

など、総計五百六十項目を載せている。これは、辞書の付録に物理化学用語集を添えたものである。

『英和対訳辞書』は、しばしば郁之助の獄中の仕事として紹介されてきた。しかしこれは、そのまま受け止められる話ではない。『薩摩辞書』の元になる『英和対訳袖珍辞書』の編者堀達之助にしても、幕府の洋書調所という組織で辞書を編さんしており、また西周助《しゆうすけ》（周《あまね》）らの協力者をかかえていた。この誤解のもとは、やや誇張された例言にあると思われる。『英和対訳辞書』刊行の功績は、あくまで、付録を補強し、生徒一人ひとりに大英和辞書を自由に使えるようにしたところにある。

仮学校の一旦閉校

欧米から専門教師を迎え、文部省に先駆けて開校した仮学校であったが、一年後に、とつぜん一旦閉校となり、郁之助は『英和対訳辞書』を残して仮学校を去ることになった。この閉校は、生徒の放校処分などとともに、黒田清隆の短慮からでた決定であったといわれている。仮学校の生徒には、戊辰戦争に参加した素行に問題のあるものもいて、理事者と生徒の間がうまくいかず、また生徒の間では質と年齢の開きが大きく、教室では言葉が不自由など、教育環境に困難な問題がいくつもあった。このように、管理者として多くの問題を抱えて、なぜ郁之助が校長の職を退いたのか、その説明として、ローマ字論の主張とローマ字教科書作成案で当局と意見を異にしたともいわれている（『浦賀船渠六十年史』）。しかし、郁之助は開拓使には留まり、北海道測量の事業に就くことになった。

五　開拓と測量

開拓事業は測量から

先に黒田清隆は、開拓使顧問としてのお雇い外国人を求めて米国に渡ったとき、在米の森有礼《ありのり》少弁務使（公使）の紹介で、現職の農務省長官ケプロンに就任の要請をおこなった。このときケプロンは、黒田の提示した職務内容に対して顧問に応じるための条件を提示している。それは、「夫れ開拓は山川の形勢を測量して、府邑村市を設くるの地を区画し、道路を通し往来の便を計り、土質を検査して、種殖・牧畜・採鉱の方法を講明し……外国人を雇役して之を教授せしむべし」というものであった（『お雇い外国人』）。開拓事業は、もろもろの事業に先だって、まず測量から始めなければならないといっている。まもなくの来日には、書記兼医師のエルドリッジと鉱山地質化学の専門家で仮学校の教頭を勤めるアンチセルに加えて、測量の専門家ワフィールドを同行している。開拓事業は測量からという認識を実行にうつしている。

一方、在米の森少弁務使は、「至急北海道の一般測量に着手するに、いかなる手筈が必要なりやお知らせ下されたく候」（逢坂信忢著『黒田清隆とホーレス・ケプロン』、昭和三十七年、北海タイムス社）とたずねながら、測量の実務の手筈をととのえるための事務処理を急いでいる。このような状況からみると、郁之助の仮学校から測量事業への転身は、実務に精通した人を求めていた開拓使の内部事情もあったかとおもわれる。かつて江戸湾測量の経験があり、かつ測量の計算に必要な高等数学を理解できる郁之助は、うってつけの人であった。

「測量術沿革考」

日本国土の測量は、すでに十九世紀の初頭に伊能忠敬《いのうただたか》の活動があり、『大日本沿海実測大図』十四巻として文政四年（一八二一）に日本地図が完成している。この地図は、北海道や東北地方などでは内陸部分が事実上空白であるが、ほぼ全国の沿岸を覆っている。部分図は二百十四枚にわかれている。この成果は、当時、幕府の非公開資料であった。維新後、明治三年に大学南校によって出版された。郁之助は、この地図と測量方法について詳しく研究し、また高い評価を与えている。ここで多少触れておきたい。

明治十五年（一八八二）九月に、当時の元老院議長佐野常民《さのつねたみ》が東京地学協会の例会で、「故伊能忠敬翁事蹟」と題して講演をおこなっている。これは、そのころ伊能忠敬に叙位の話がもちあがり、功績の調査が行われたことによる。これにつづいて、翌月の会で郁之助は、伊能忠敬の測量成果を科学的に評価した「測量術沿革考」と題した講演をしている。これは、伊能忠敬の門人の記録「量地伝習録」を調べ、その方法は現用のものと大差はないことを確認して、方位について特に詳しい分析を示した。伊能図についての郁之助の総合評価は、「その大概を知らんとするには極めて適当のもの」と認めながらも、「沿海と道路とを測量せしものなり。これによりて完全の地理地積図を製する能はさるものなり」、すなわち海陸の交通用の地図で、面積を正しく評価できる地図ではないといいきっている。

当時は、地図といえば伊能図が用いられていた。郁之助らの開拓使による北海道測量も、この地図をもとにしている。緯度の測定で、いつもは六分儀でまずおおよその緯度を測定するところを、伊能図の緯度を頼りに「天頂儀の定度を試むるに、我測らんと欲するところの恒星杳々《とうとう》鏡中に現はれ来りて、その所思《しょし》を遂けさることなかりき」と、伊能図が開拓使の測量に利用されたことを述べている。

ノットと伊能図

当時、東京大学で物理学を担当していた外国人教師ノットも、伊能図を高く評価した人である。ノットは、英国のグリニッチ天文台の紀要に「伊能忠敬—日本の地図測量技師」を発表し、伊能忠敬とその業績を、「一世代前の科学者のなかにあって当然高い地位を得べき人であり、今の時点で公平な判断をしても、なおその成果は厳しい評価に耐えうるものである」と述べている。この報文には、それをまとめるにあたって協力を得た荒井郁之助らにたいする謝辞がみられる。郁之助の測量術と測量事業へのかかわりに高い評価があったことを思わせる。

松浦図の評価

このように、内外で評価の高い伊能図であったが、北海道については十分ではなかった。もともとこの地図は、北海道内陸部を対象としていない。さらに、伊能忠敬らが実際に測量に赴いたのは、函館から釧路付近までの太平洋沿岸地帯のみで、他の地域は、従来の地図をもとに沿岸の地形をなぞったのであろう。それでもこれに代わる地図はなかった。開拓使の地図がととのうまで用いられていた北海道の地図に、松浦《まつうら》武《たけ》四郎《しろう》の測量による地図が安政六年（一八五九）に完成しているが、これとて伊能図に、山脈、河川、湖沼等を記入したものである。「東西蝦夷山川地理取調図」と名付けて、蝦夷の地名を漏らさず書き込んでいるところに特徴がある。しかし、使用した側の評価はあまり芳しくない。明治七年に石狩川をさかのぼって十勝川に出たお雇い技師で地質学者のライマンは、「石狩川と十勝川の分界なる山脈の位置によれば、松浦図の錯誤もまた甚だし、……少なくとも十五英里の差ありてその川筋の全く錯乱せるを知れり」と手厳しい。

ライマン命名の荒井川

松浦図に苦情を述べたライマンであるが、開拓使の測量事業については、幹部職員に尊敬の念を示している。石狩川から十勝川に抜ける川筋は、現地の住民以外の人にとっては未踏の地であった。ライマンがケプロンに差し出した報告によると、そこを踏査するとき支流や温泉に出くわしてはそれに人名を付けて楽しんでいる。淵や川を渡るとき、それを「ケプロン淵」や「ケプロン川」と名付け、また「余輩一秒時間二十立方尺以上ノ流出ナル右側ノ一支流ニ到リ、余コレヲ荒井郁之助氏ノ栄名ニ対シ、荒井川ト名付ケタリ」と報告書に述べている。大鳥圭介についても同じ表現の記述がある。お雇いの立場にあったライマンの気配りとも受け止められるが、敗れたとはいえ箱館戦争の将軍に対する敬意であろう。現在の地図には、荒井川と呼ばれる川はみあたらない。

六　北海道三角測量

北海道測量に参加

ケプロンが横浜に着いたのは、明治四年（一八七一）八月二十五日である。さっそく九月の末には北海道に赴いている。この年は、十二月初旬まで同地に滞在して予備調査をおこない、翌年の夏は函館札幌間の道路建設にあたっている。しかし、北海道の三角測量が始まるのは、さらに翌年の明治六年の夏で、ワッソンが基線を設定してからである。この年から郁之助は北海道測量に参加した。『ケプロン日誌―蝦夷と江戸』の明治六年六月三日には、「予定していた蝦夷への出発が今日まで延び延びになった。午後四時通訳（湯地氏）と付き添い四人と一緒に、蝦夷の島の函館行きの汽船に乗り込んだ」とある。四人のうちの一人が荒井郁之助であろう。この年から新たに海軍大尉デイが雇用され、これから三年間、測量の指導にあたり、郁之助と共に広く北海道を踏査することになった。

その間の郁之助の所在は、ケプロンとデイの報告や、公文録、開拓使の履歴録、申奏録が記録を残している。この年は十一月二十四日に東京に戻った。翌年は、四月二十日付の、「北海道測量として出張これ有るべき事」という命令書を手に、四月二十九日に札幌に着き、十月二十七日に東京に帰任したことが届けられている。そしてさらに翌年、測量機材の用意も十分整い、開拓使民事局に測量課が設置されたところで、明治八年五月十六日付で札幌在勤を命じられ、次の日に出発している。

大三角測量

測量の必要性は多様で、のちに述べることになるが、当時、いくつもの政府機関で行われていた。開拓使が計画した測量は、道全域の正確な地形の把握を要求したものである。そのために行われたのが大三角測量である。五、六十キロ隔てた山頂をえらび、三角形の網の目を構成する。細部の測量には、間隔を縮めた三角網をつくる。一方、平坦地に十キロていど離れた二点を選び、その間の距離を正確に測ってこれを基線と呼び、距離測定の基準とする。この基線を三角網に含めて、各々の三角形の頂点で隣接する頂点の方位を測定して位置を決定するのが三角測量である。全道測量の基線は、勇払《ゆうふつ》平野に張られた。「北海道三角術測量勇払基線之図」（明治八年開拓使）によると、苫小牧《とまこまい》市の

開拓使三角測量勇払基点（写真奥の土管中に標石が保存されている）

東を流れる勇払川の右岸と、鵡川《むかわ》町を流れる鵡川の右岸近くに設定されている。両地点を結ぶ線は海岸に沿った平坦で見通しのよいところである。その間の距離は、おおよそ十五キロと読み取れる（当時の精密測量の平均値は一四八六〇・二六五メートル）。デイの報告「北海道三角測量報文」によると、一回目の基線測量は荒井氏があたったと報告している。

史跡「勇払基点」

同報文には、「北海道三角術測量有仏基線之図」が添えられており、基点の標塔と測量塔の図面をみることができる。当時は、この地の地名に有仏の文字をあてていたのであろう。その測量塔と基点の標塔は、苫小牧市博物館で模型を見ることができる。実物は約十一メートルの高さになる木製の櫓であった。また、近年、高さ九十センチで十七メートル四角の盛り土の中心に埋没していた勇払側の基点の標塔が原野のなかからみいだされ、史跡「開拓使三角測量勇払基点」（北海道指定文化財）として保存されている。苫小牧市の東端の勇払から鵡川町にかけての地は、基線の測量に便利な平坦地で、今でも原野の様相をみせている。彼方には、ドーマイ山とシアビラ山が望まれ、そこに三角点の第一標と第二標を置いて北海道の三角測量が展開されていった。

「北海道実測図」ほか

開拓使の作成した測量図は、このような手立てのもとに行われる大三角測量をもとにして、沿岸地形と河川および山頂位置を求め、そこに地名とともに緯経線を重ねて、表示されたものである。道東の中央山間部に空白を残しながら、全道を覆った地図「北海道実測図」（縮尺五十万分の一、〔紙面の大きさ〕一一五×一一〇センチ）が印刷された。その凡例の欄に、「此図ハ本年当使雇測量長米利堅合衆国海軍大尉モルレー・ヱス・デイ及ヒ測量事務管理四等出仕荒井郁之助並ニ数名ノ補助手等三角術ヲ用ヒ実測スル所ノ現跡ヲ示ス者ナリ」とし、「明治八年十二月開拓使」とある。同年月で、同じ要素を表示した百二十五万分の一の縮尺の「三角術測量北海道之図」もある。これらは、伊能図に比べていくつかの特徴が認められる。

正確な経度

当時の地図作成技術では、経度の決定に困難があった。伊能図は、東海道を中心にして現在の地図と重ね合わせてみると、北海道北部は東に六十キロ前後ずれている（保柳睦美編著『伊能忠敬の科学的業績』、昭和四十九年、古今書院)。開拓使の地図になると、礼文島《れぶんとう》が西に十キロずれているほかは、特徴的な地形から経度の誤差を推定しても、東に数キロずれている程度である。経度の精度がかなり正確になっている。これは三角測量の成果だけでなく、札幌と函館の間で電信を用いて経度差を求めたことも貢献している。先のデイの報文によると、福士成豊《ふくしなりとよ》が函館で電気信号を送り、デイと荒井が札幌で受信し、さらに両地で天体観測と時辰儀の読み取りをおこなったことが詳しく述べられている。これで、三角測量網の経度が開港地函館につながり、北海道の地図が世界共通の経度の上に描かれるようになった。このほか、詳しい河川の表示がなされたことも大きな進歩である。

函館の助基線

よくみると、この地図には、函館の沿岸に長さが十キロ弱のもう一つの基線が描かれている。これはデイの報告では助基線と指定されており、付図として、「北海道三角測量、明治八年箱館近傍ニ設ケタル助基線ノ位置ヲ示セル図」が添えられている。この助基線は、五稜郭のすぐ西側から函館湾に面した七重浜をかすめて西北西に伸びている。亀田郡大野町には、助基線の西端の標石が現存し、そばの標柱には、「北海道三角測量函館検基線西側標石」と記されている。検基線、すなわち検証のための基線という意味である。勇払基線の測量結果をここで検証する計画であった。デイや荒井らが函館に赴き、助基線を設定したのは明治八年の行動と記録されている。しかし、この基線は実際の測量に用いられるまでには至らなかった。なお、助基線の東端は函館市田家町《たやちょう》の大《だい》称《しょう》寺の境内にあたり、掘りおこされた標塔は北海道開拓の村（札幌市）に収蔵されている。

三角測量網

またこの開拓使による地図には、稚内《わっかない》から勇払に至る東経一四二度以西について、三角測量網が描き込まれている。すでに測量を済ませたところを実線で、残りは破線で示している。しかし、測量を済ませた部分は石狩平野の近辺だけで、明治八年を終わった時点では、この三角測量事業はまだ三分の一を越えていない。その後、この事業の進展はなかった。

七　河川と港湾の測量

「北海道石狩川図」

北海道の測量事業は、三角測量を軸にして、河川と港湾の測量が併せて行われた。明治六年（一八七三）には、石狩川筋の測量に四班を繰り出している。測量の延長は三百四十

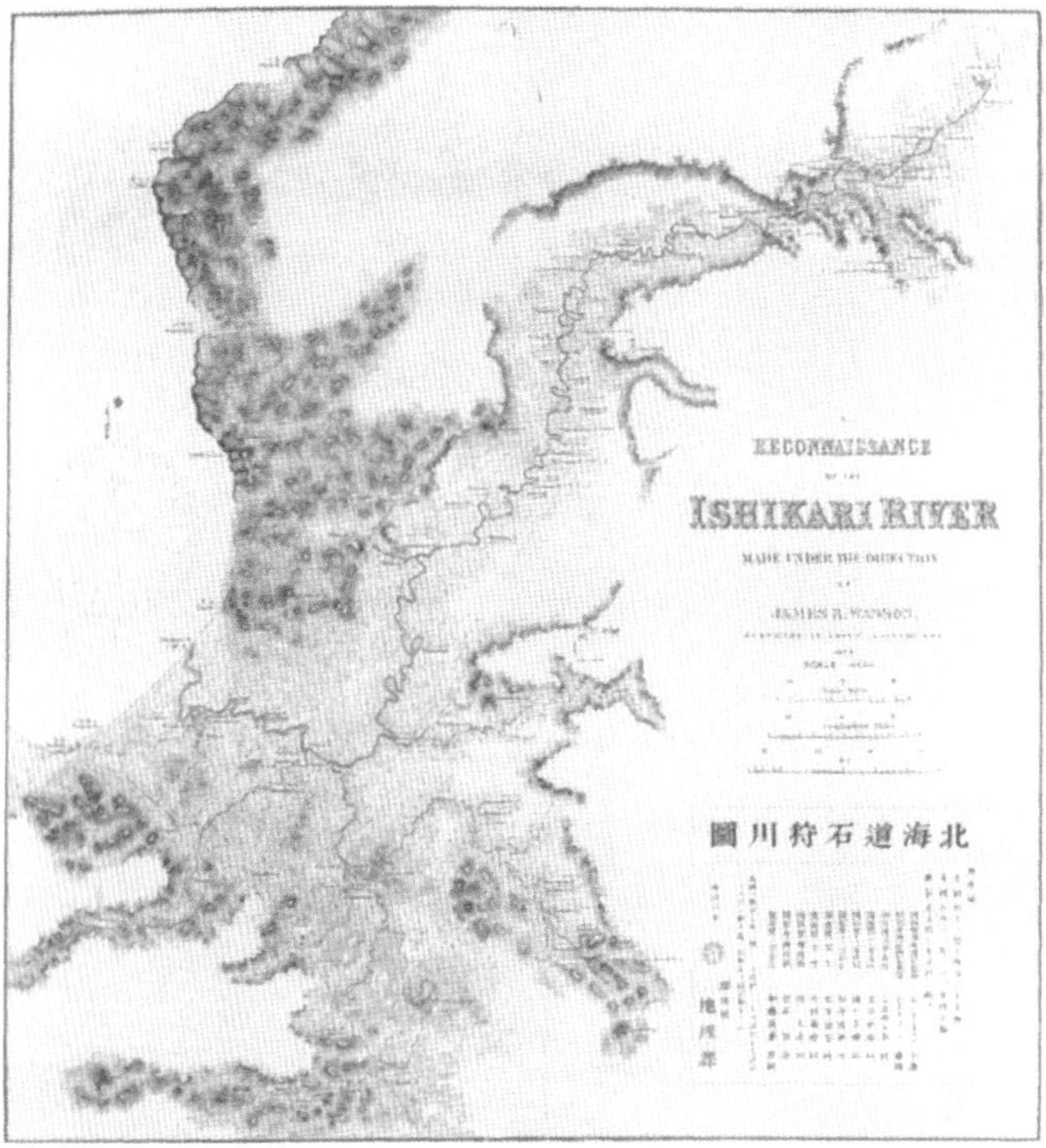

北海道石狩川図（北海道大学附属図書館北方資料室蔵）

四マイル、その間二十三の河川を踏破し、「北海道石狩川図」を残した。そこには、ワッソンを主測、デイと郁之助を補助とし、ほか八名の関係者の名前がみられる。まもなくワッソンは開拓使を去り、デイが測量事業の技術指導にあたった。この時点でデイと郁之助を同列に置いているところをみると、日本側の責任者荒井郁之助の測量技術にたいして、お雇い技師の側はかなりの評価をしていたのであろう。

この後、他の河川の測量も行われ、併せて「北海道実測図」に書き込まれている。北海道には、流域面積で本邦の十指にはいる河川が三つあり、その石狩川、十勝川、天塩《てしお》川について、川の蛇行を精緻に表示し、支流も含めて源流まで描いている。しかし、石狩山地に源をもつ石狩川、十勝川の最上流部は、現用の地図とかなりの食い違いがみられる。現実には踏査できなかった地域であろう。道東の湿原地帯も踏み込むことができなかったらしく、空白になっている。

港湾図

河川についで港湾の測量も多くの成果をあげた。それらに、「北海道新室蘭港図」、「北海道浦川湾図」(現在の浦河)、「北海道厚岸《あっけし》港図」、「北海道根室港図」、「北海道天塩国《てしおのくに》益毛《ましけ》湾之図」(現在の増毛)、「北海道小樽港図」、「北海道浜中湾図」の各測量図がある。後の二つを除いて、担当者名に荒井郁之助の名前がみられる。

海上交通に必須なこれらの地図には、港の経緯度が秒単位で示されている。磁北の偏差は分もしくは秒単位で示され、磁針の西偏の度合いも表示されている。のちに郁之助は地理局に出仕し、このことを学術的な立場から書き残した。海底の深度は、さきに明治四年に英国の海軍測量船シルビア号がおこなった結果を用い、深度の個々の値と等深

「北海道浦川湾図」

線を示している。また、潮位は、明治六年の水路寮の測量結果を用いて、満潮位と時刻を表示しているようだが、日英両文の説明から判断して、春の大潮の時のものらしい。さらに、海面や水面下の状態については、暗礁、顕礁、岩、沙利《じゃり》、泥などを記号で示している。外洋から船が港にはいるときのために、港外から見た港の見取り図と、沿岸の山地の位置と山頂高度を記した地図もある。

これらの港湾のうち、浦河（浦川）の港は岬も湾もない直線的な海岸にある。ケプロンは、明治六年の第三回北海道旅行のおり、室蘭から襟裳《えりも》岬の間に港がないことを不便に思い、小さくても港はできないものかデイに報告を求めた、と日記に記している。デイがケプロンに提出した報告には、「貴下の求めに応じ、余荒井氏と共に十月初旬浦川に赴き、該地碇泊場の簡略なる測量をなせり」とある。その結果、デイと荒井郁之助の名前で「北海道浦川湾図」（縮尺二千五百分の一）が完成した。英文の標題は、ウラカワ・アンカレッジ、すなわち浦川投錨地となっている。これが開拓使の測量班が最初に出版した測量図である。この地図をみると、浦河の沿岸には、海面に見え隠れする岩礁、すなわち顕礁や暗礁が二筋突き出ている。これを利用すれば湾の機能を整えることができそうである。今の浦河港は、岩礁の上に防波堤が築かれて湾の形をなし、立派に港の機能を果たしている。

測量技術の高い評価

先にライマンは郁之助の栄名を賛えていたが、それは専門技術を褒めたものではなかった。しかし、測量技術においても、郁之助はお雇い外国人から高い評価を受けている。ワッソンはケプロンへの報告の末尾で、「荒井氏ハ測量学術及ビ実地上ニ長ゼルニヨリ、此測量ニオイテ大ナル補助ヲナスノミナラズ、ソノ懇篤ナル注意ニ依テ一同大ニ慰愉ヲ増セリ」と記して、技術と人物を共に誉めている。また、後任のデイによる石狩川の測量報告には、「結尾ニ臨ミ荒井氏ニ謝辞ヲ陳セントス。同氏ノ測量学ニ於ル、之ヲ実地ニ施スニマタ能ク熟達セル、固《もと》ヨリ疑ヲ容レズ。而シテ事ヲ共ニスルノ際、常ニ懇情ヲ表セラレタル、余ガ深ク感銘スルトコロナリ」とある。開拓使の測量事業に雇われて来日したお雇い外国人は、学識と人格において、共に自分を上回《うわまわ》る人物を相手に技術指導をおこなっていたことになる。デイはニューヨークで出版した英文の報告を、「今、将来の事業を荒井氏に託すにあたって、閣下（開拓長官黒田清隆）に以下のことを喜んで申し上げたい。同氏の測量技術はすでに申し分ないので、福士、関などの諸氏が補助者として協力するならば、開拓使の測量はますます発展することでしょう」と締めくくっている。かつて旧幕府時代、小野友五郎と共に江戸湾沿海測量をおこなってきた郁之助であるから、この測量の力量評価は順当なものであろう。数学の知識では、合衆国海軍大尉デイよりは勝っていたのではあるまいか。

三角測量事業の中止

開拓使の測量班は、こうして明治八年までの三年間に、近代的な測量技術を駆使して北海道の測量をおこなってきた。顧問のケプロンは明治八年三月をもって任期満了となり、帰国の途についた。滞日中の日記は、「日本と他のアジアの国では最初の地質・鉱物の調査班、および三角測量と河海測量班を立派に作ったのは私である。また、これらの国で最初にできた石版刷りの地図は、私の配下の科学者達が直接指導監督して作ったもので……」と自画自賛ではあるが、開拓使の測量事業を高く評価している。開拓長官黒田清隆のケプロンに贈った礼状は、「地質・鉱物の調査と土地の測量を開始し、かつ大いに進展しましたので、我々の産業は非常に規模を拡大しました」と賛辞を記している（『ケプロン日誌―蝦夷と江戸』）。しかし、デイは満期を待たず、約定によって翌九年の四月十日に帰国し、郁之助もこの年の夏を待たず開拓使を辞任した。同じくこの年の十一月に開拓使の三角測量は中止された。

八　金星観測の天覧

金星日面通過の観測

明治七年（一八七四）のことだが、天体観測の話題が世界の科学界を賑わした。それは、金星が太陽面を通過する天文観測史上たいへんめずらしい現象が十二月九日に観測できるというニュースであった。この現象は、地球上で二百四十三年に四回の割で起こるもので、先に起こったのは百五年前であった。次は八年後に見られると、西暦二〇〇四年まで起こらない。このめずらしい天体現象にたいして、各国はおおいに関心を示し、世界各地に広く観測網を展開した。当時のアメリカの週刊新聞『サイエンティフィック・アメリカン』は事前に詳しい解説記事を載せ、各国の観測計画を報じている。なかでもフランスとアメリカは、日本に観測隊を派遣した。フランス隊は、科学アカデミー院長を隊長にして神戸と長崎で観測を実施した。アメリカは、南北両半球に総計八組の観測隊を送り出し、そのうちの一隊が日本に派遣され、横浜と長崎で観測をおこなった。

この観測事業は、金星が太陽面を通過するときを利用して、太陽視差（太陽から地球の赤道半径を見た角度）をより正確に決定し、太陽地球間の距離の計算の精度を高めようとするものである。天体観測は、天文学で必要なだけでなく、航海術や測量事業、また地方時の決定などの実務に広く応用され、当時その精度を高めることがおおきな課題であった。明治新政府は、外国の専門学者の献策を得たのであろう、金星日面通過の観測事業の重要さを認識し、外国の観測隊へ便宜を計り、かつ、内務省地理寮では独自に観測をおこなった。政府の科学技術政策は、産業の興隆に直接つながった分野のことだけでなく、自然科学についても、広く進められていたとみることができる。

日本の測地事業に貢献

　西欧の各国が競って派遣した金星日面通過観測隊のうち、フランスの観測隊の活動は、神戸と長崎にいま記念碑を残している。神戸の町を見下ろす小さな丘の諏訪山に、大きな円柱形の石碑がある。そこには、日本語とフランス語で事業の説明が刻まれている。長崎には、金毘羅《こんぴら》山にピラミッドの型をした「長崎金星観測碑」があり、天体学者ジャンサン科学院総裁がここで観測をしたとフランス語で書かれている。一方、アメリカの観測隊は、この観測事業によって日本の測地事業に信頼できる経度を残していった。その事情は郁之助が「日本の地学経度」に書き残しており、あとで述べることとする。

　当時日本では、まだ独自の観測をおこなうだけの組織も施設もなかった。内務省地理寮の観測は、お雇い測量師英国人シャボーに実施を命じたもので、臨時に品川の御殿山に機械を設置して観測をおこなった。東京大学に観象台が完成するのが明治十一年であり、この地理寮の観測が、いちおう、日本政府がおこなった金星日面通過観測事業であった。このとき、三条太政大臣と伊藤参議の来監があったと当時の新聞は伝えている。

一方、皇居では、明治天皇の観測天覧があった。それにあたったのは、開拓使お雇い外国人測量技師デイ大尉と五等出仕荒井郁之助であった。『明治天皇紀』の当日の欄には金星御覧という記事がみられる。「午前十一時一分より午後三時三十分に至る間に於て、金星太陽の前面を通過す。これ天体稀有の現象にして、天文学上緊要の事に属す。是より先、文部省雇学監亜米利加合衆国人ディビット・モーレー機械を用ゐて之を天覧に供せんことを希ひ、文部大輔田中不二麿之れを奏上す。天皇嘉納し、午後一時御苑内操練場に出御して之れを覧たまふ……モーレーは観測のため長崎に出張せるを以て、開拓使五等出仕荒井郁之助・開拓使雇測量教師エム・エス・デイ、機械操縦の事を奉仕し、説明を奏す」などのことが記録されている。皇太后、皇后の台覧のほか大臣、参議以下の陪観もあったとあるので、この日の政府の高官は、総出で金星観測のために半日を割いたようである。天皇紀は、終わって翌日十日に、「デイに錦一巻を、郁之助に八丈縞二匹を賜ふ」と記して、金星御覧の記事を結んでいる。この観測は、実際に望遠鏡をのぞき、測定可能な状態にあったと思われるが、天覧のため、観測記録を残すにはいたらなかったのであろう。これに関して郁之助の報告はみあたらない。

なお翌日の欄には、「英米両国新聞閲覧の思召」という項をもうけて、英米の新聞のうち、「最も信憑すべきものを擇びて閲覧したまはんとす」と記録しており、英国では『ロンドン・タイムス・ウイクリー』が、米国では『サイエンティフィック・アメリカン』がもっとも著名でかつ信頼できるので、これを用意することにしたと付記している。この二紙を選んで閲覧を薦めたのは、郁之助とデイであったということになろう。金星日面通過天覧の行事は、明治天皇に科学の興味を呼びおこし、成功裏に終わった。

九　開拓使辞任

東京へ旅行願

郁之助の開拓使在任は、東京で仮学校校長の一年、つづいて外国人測量技師と共に北海道の各地を踏査して三年に及んだ。最初の二年は、春から秋までを北海道で過ごし、三年目の五月には札幌在勤の命を受けて渡道した。次の冬は北海道で過ごすこととなった。そして明治九年（一八七六）二月に、亡父の墓参のため東京へ旅行願を提出している。

それは、開拓長官黒田清隆代理開拓中判官より太政大臣宛てに届け出た形式になっている。「札幌在勤当使四等出仕荒井郁之助儀、亡父墓参ノ為東京迄往返ノ外日数三十日間御暇願聞届置候旨同所在勤開拓大判官松本十郎ヨリ申越候条此段御届仕候也」として、明治九年二月二十七日付の文書が公文録に残っている。札幌在勤の荒井郁之助が墓参のために東京まで三十日の休暇を願い出たのでそれを許可したという報告が在京の開拓使本省に送られ、文書処理されたものである。

たらちねの母を詠む

郁之助の父の死亡は文久二年（一八六二）で、すでに十六年目を迎えている。また、その命日は八月である。なぜこの時期に、亡父の墓参を特に願い出なければならなかったのであろうか、疑問に思われるところである。春の彼岸の墓参ということになるが、札幌在勤のおり、わざわざ東京まで出向かなければならないとは考えがたい。墓参以外に何か特別な理由があったのであろう。郁之助はときに歌を遺している。そのいくつかは、妹婿安藤太郎に宛てた手紙とともに収蔵されており（青山学院資料センター）、母を想って詠んだものがある。

　たらちねの母の真心はふる郷ににほふと菊の花はかりかは

この歌は、おそらくこのような環境で詠んだのであろう。

墓参の休暇願はすでに札幌で許可されているので、休暇は実行されたであろう。その後は、明治九年六月十九日に開拓使を辞任している。休暇が明けてから二カ月余りたっている。さらにその後の郁之助については、雑誌の発行を手掛けて『工業新報』第一号を発刊したことを記した新聞記事（明治十年六月十四日）まで、行動を述べた資料はみあたらない。ただこの時期に、当時、香港総領事を勤めていた安藤太郎と手紙のやり取りをしており、先の歌とともに保管されている。香港発三月二十四日付の書簡を四月二十日に札幌で受取り、翌日返信をしたためている。文面は、第二郎の身辺を義弟に相談したもので、もう一人の義弟田辺太一《やすかず》にも相談をしていることを記している。札幌にあって、家長として不便な環境にあることが読みとれる。できることなら、東京に居を構えて仕事をしたかったと思われる。これだけの資料から休暇願の本来の内容を推定すれば、この旅行は、辞任につづいて雑誌の発刊を予定した準備行動ではなかったかと考えられる。墓参は、休暇の表向きの理由とみるのが順当である。

辞任の理由

資料として残っている辞任理由はみあたらないが、ローマ字の教科書を作成しようとして当局の許可が得られなかったことをその理由とした記述がある。仮学校において、外国人教師と外国語の知識に乏しい生徒との間の意志の疎通は、言葉でも文字でも困難なことであった。この難しさを現場で体験してきた学校管理者には、日本語のローマ字表記は問題解決の一つの方策であったかもしれない。しかしこの推測は、測量担当の立場での辞任には結びつきがたい。のちに述べることになるが、郁之助が自分で主宰した科学雑誌にタイプライターのことを書いている。そこでは、和漢混淆の日本文には役立たないとしても、器械を改造して仮名文字用にすれば、仮名のみを使用する電報業務に利用できるであろうと説明している。しかし、日本語のローマ字綴りについてはなにも述べていない。少なくとも郁之助のローマ字論は、仮学校の運営を離れてからは、さほど熱ははいっていなかったとみるべきである。

開拓使の廃止

郁之助の開拓使辞任について、また一説には、測量担当お雇い外国人デイが進歩的な意見を献策したが、それが採用されなかったことがあげられている。開拓使の北海道測量は、明治九年に三角測量の事業を中止した時点で、三角点の覘標《てんぴょう》設置がようやく全道の三分の一に達したが、精測を終わったところはまだ五十分の一でしかなかった。事業は緒についたばかりであった。しかし、開拓使事業の実情は、「移民増加、漁場・耕宅地割渡及道路・山林・村市・気候等調査急ナルヲ以テ」この十一月に中止されたのである（高倉新一郎著「明治以後の北海道測量史」、『北方文化研究報告』第十八輯）。郁之助は、のちに

「測量術沿革考」を残し、そこに大三角測量の意義を述べている。「大ナル三角ヲ以テ大地ヲ網羅セシムルモノハ則精密ナル地図ヲ制作スベキ実ニ万世不易ノ基礎ナリトス」、すなわち、後の世に地図を作るときにも、変わらず基準になる測量をしておこうというのである。しかし、日々の実務に追われていた開拓使は、費用と労力のかかる後の世の基礎となる仕事をつづける余裕はなかった。その後明治十五年に、開拓使は地方の行政府としての北海道庁に組織が変わる。黒田清隆もケプロンも去った開拓使の測量事業は、周囲の情勢からみて不安定なところにあった。測量の技術をもって開拓使に仕え、しかもそれが、将来のための基礎的な資料の蓄積により意義のある仕事であれば、開拓使当局と意見を異にすることもおこったであろう。

辞任のいきさつを記した資料はみあたらない。一般に、辞意の表明は真の理由がおもてにたつことはあまりない。祥雲寺の碑文は、「八年、従五位に叙せられ、後に測地の事を専管するも議して行なわれず、乃《すなわ》ち職を辞して東京に帰る」と記している。もっぱら測量事業に携わってきたが、開拓使の役人たちは議論はしても、なかなか実行しなかったという説明である。

第六　科学の普及につとめて

一　科学雑誌の創刊

『工業新報』刊行

開拓使を辞任して東京にもどった郁之助は、その後一民間人として表立った活動の記録を残さず、一年を過ごしている。この時期のことを碑文は、先に編さんした英和辞書の刊行につづいて、「是に到りて工業新報を刊し、地理論略を著し、煉工全書を訳す」と述べている。先に編集刊行した『英和対訳辞書』は世間で広く知られ、そこで『工業新報』という刊行物を発刊し、また『地理論略』の著作や『煉工全書』の翻訳をおこなった、というものである。科学や工業について、翻訳執筆に意欲を燃やし、科学技術の普及につくした時期である。

ところでこの定期刊行物は、社会記事や政治経済のことを扱った新聞雑誌とちがい、のちに、あまり語られていない。当時産業革命のさなかにあった欧米では、すでに科学工業関係の新聞雑誌が刊行されていた。アメリカでは、一八五九年創刊の『サイエンティフィック・アメリカン』がA3版十六ページの週刊新聞として定着していた。この時期の科学技術情報の輸入先にアメリカが多いことから、おそらくこの新聞が『工業新報』の創刊を間接的にうながしたものと思われる。

明治初期の雑誌刊行事情

一方、当時の日本の科学工業関係の新聞雑誌は、創刊期をむかえたところであった。明治初期の雑誌の刊行事情を調査したものによると、明治元年以来の創刊状況は、最初の数年は年五件以内であったが、その後に増加しはじめて、同十年には年八十件を越している（『明治文化全集第五巻・雑誌編』、昭和三十年、日本評論社）。しかしそれらのほとんどは、社会記事や政治経済記事で、科学工業のことを扱ったものはまれであった。ただ、各種の学会が結成されるにしたがい、専門雑誌や学会誌はいくつも創刊された。なかには医学の専門誌が多く、また創刊後まもなく廃刊になったものも多い。明治十年に創刊された『東京数学会社雑誌』は、なんとか六十七号までこぎつけて、そこで廃刊となっている。ただ一つ例外的に、津田仙発刊になる『農業雑誌』が明治九年から四十年余り続いている。このような状況からみて、当時発刊された科学系の雑誌は、専門雑誌はときに長く刊行を続けたものもあるが、総合科学雑誌の発刊それ自体がめずらしく、それがあ

桜水舎

る期間続けて刊行されたことは、『工業新報』の特徴として指摘できる。

発刊当初の事情は当時の新聞が伝えている。それは、「大鳥圭介等工業新報創刊――今度有名なる大鳥圭介荒井郁之助等二君をはじめ、其他舎密、機械、土木、鉱山学等の諸先生が十余人申し合せ、平生に実験せし百般の工業を丁寧に編輯し、又欧米各国の新発明を登録して工業新報と名づけて、二週に一回づつ刊行され、既にその第一号が昨日発行に……。本社は竹川町の桜水舎……」と述べている（東京日日新聞、『新聞集成明治編年史』）。この記事から判断して、『工業新報』は大鳥圭介と荒井郁之助が中心となって創刊したものとみてよかろう。

しかし、両名とほかの十余人の立場がそれぞれどうであったのかなど、不明のところは多い。創刊からしばらくは、奥付のない雑誌であった。翌年の四月初旬発行の二十二号になって、ようやく奥付欄がもうけられた。そこではじめて出版社名にあたる名称「桜水舎」と、「編輯長兼印刷　金子精一」の人物名が紹介されている。しかし、記名記事のほかには、荒井郁之助の名前も大鳥圭介の名前もでてこない。当時、大鳥は出獄再出仕以来つづいて官途にあり、荒井も『工業新報』の創刊から二カ月もするとふたたび官途に就いている。そのような二人が経営の責任者として表にたつことはできない。

「編輯長」が一人この出版社の表向きの代表となっている。ところでこの人には、英国の化学の教科書の翻訳『化学之始』があり、当の桜水舎がそれを販売している。諸先生のなかで化学の分野を担当していた人と思われる。

大鳥圭介

創設者の一人大鳥圭介は、幕府陸軍時代から永く郁之助が行動を共にしてきた旧幕臣である。出獄後は開拓使に出仕し、大蔵省に移っては随行員として米国へ出張し、帰朝後は陸軍省を経て工部省四等出仕、工学頭と目まぐるしく職務を変わり、かつ栄進している。そして明治九年には内国博覧会御用掛を勤めているところをみると、『工業新報』を郁之助と共に創刊したとはいえ、執筆編集の実務に多くの時間を割くことのできる立場にはない。代表者としては、名義上の意義が大きかったものと思われる。一方、郁之助も、ふたたび官途に就いたので、専任の実務をつづけることはできなかった。その後『工業新報』は、創業の中心人物二名がいずれも公職にあったが、明治十六年六月まで途中で休刊することもなく刊行をつづけた。それは、創設者がそれぞれ別に本務を持ちながらも、そこから誌面を埋める情報を送りつづけることができたからであろう。

専巧学舎

『工業新報』創刊後の大鳥圭介は、工部大書記官、ふたたび内国博覧会御用掛、工部技監、明治十五年には工部大学長と昇進している。この間、公務のかたわら学術情報の収集と公表に、別の活動を始めている。明治十二年には、加藤弘之《ひろゆき》、池田謙斎《けんさい》と専巧《せんこう》学舎という集まりを組織して、「専門の学士を会合して学芸の進歩を助けんため評論雑誌雑報を刊行、新刊書籍の批評、学術上の新発明およびその他見聞きに係はる有益な説を登録して世に公に……、東大の三学部の一室をかりて毎日集会……」という活動をしている（『新聞集成明治編年史』、昭和十一年、林泉社）。毎日集まっていたかどうかは別にして、大鳥は学術情報の収集活動に余念がなかったことがうかがえる。ここに加藤弘之は初代東大総長を勤めた人で、当時の啓蒙思想家の一人である。大鳥圭介は多忙な公務をもった人であったが、非常勤の編集メンバーとして『工業新報』にニュースを提供し、科学技術の情報源にあった人とみてよい。

諸学会に加入

一方この時期の郁之助は、のちに述べるように、当時創設されつつあった各種の学会に参加し、その運営や活動を通じて最新の科学技術情報の日本への輸入の窓口にいた。郁之助が参加していた学会には、東京数学会社、東京地学協会、日本地震学会、東京気象学会がある。また、再度出仕した内務省地理局では、測量はもちろんのこと地質学にも深い関係を持っていた。職務と学会関係の情報は、『工業新報』へ自然科学に関するニュースを提供しつづけるもとになったものと考えられる。現に、地理局の観測資料を、同局の出版のまえに『工業新報』に公表した例もみられ、雑誌の編集に地理局の応援があったことがわかる。

二　『中外工業新報』

近代科学工業の必要

『工業新報』は、その表紙に『中外工業新報』と書き、欄外などではみずから『工業新報』と呼んでいる。創刊は明治十年（一八七七）六月十三日、二週に一号の割で百五十一号（『明治ニュース事典』）まで発行した雑誌である。B５版二段組の活版印刷で、一号およそ二十ページで通しページをつけている。定価は、一部五銭。各号にそれぞれ十編ばかりの解説記事を載せて、大部分は無記名であるが、なかには執筆者名が記されているものもある。発行社名と責任者名は、現在手にすることのできる二十五号ごとの合本でみるかぎり、先に述べたとおりである。郁之助が社長兼主筆を勤めたという紹介もときにみかけるが、『工業新報』の誌面からそれを読み取ることはできない。

創刊号には、「工業新報緒言」として発刊の主旨が述べられている。それによると、「すでに大小さまざまの新聞が世に出回っているが、それらは政治を論じたものや、自

掲載記事

由民権を論じて民心を得たもので、欧米の議論をそのまま日本に持ち込んだものが多い。その結果、実益を得るにはまだ程遠く、いま日本に大切なことは工業をおこして恒産を得ることである。したがって、工業生産に必要な科学知識と各種情報を国の内外に求めて、それを広く世に伝える雑誌を発刊したい」（要約）というものである。要は、政治を批判した青臭い書生議論ばかりしていても、世の中はいっこうによくならない。必要なのは、地に足のついた実学、それも近代科学工業に眼を開くことであるといっている。

掲載記事を概観してまず気づくことは、工業製品の製法を解説したものの多いことである。「石灰製造法」、「セメント製造法」、「石鹼製造法」などがみられる。また、「綿子《めんし》油の製法」など農産品の加工や食品の製造から、「硝子を切る法」など加工技術に関するもの、「鉄道新築に付考按」、「新道開鑿《かいさく》」のように土木技術などさまざまな内容におよんでいる。「北海の交易」のような北海道関係の論説のいくつかは、開拓使出身の創立者大鳥か荒井によるものであろう。特に、五号に

從第一號至第廿五號

中外工業新報

合本第一巻

明治十一年六月

『中外工業新報』

わたって連載された「北海道開拓論」は二人の合作ではなかろうか。開拓使事業へのかかわりと米国の視察の経験なくしては書けない内容である。なかには、「畫工用の焼筆を製する法」などの美術工芸に関する解説や、「日本の美術」といった文化論も掲載されている。これは、『サイエンティフィック・アメリカン』と記事の対象や範囲が一致する。おそらくその編集方針を参考にしたのであろう。

全体に著者名を記した記事がきわめて少ない。最初の一年間の二十五巻で、大鳥圭介稿とあるものが五編、荒井郁之助稿が一編、そのほか二編を除いて他はすべて無記名記事である。主要な科学工業関連記事は、各号とも無記名である。その無記名記事のなかに、経歴と専門から判断して、大鳥圭介や荒井郁之助がその著者または情報源であろうと思われるものがいくつもみられる。たとえば、石炭に関する数多くの記事は、すでに欧米視察より帰国して「石炭篇」の報告書を提出している大鳥の寄与が考えられる。「日本の尺度」は、当時各界に先駆けて地理局がメートル法を導入しつつあったこと、「新発明験風機の説」は地理局で取材した記事であることが述べられており、地理局に勤務していた郁之助の寄与を思わせる。

このほか、職業柄、郁之助がその記事の出所であろうと思われるものには、「米国測量紀事」、「内国地質調査施行の主意（原文のまま）」や、地理局測量課が提供している明治九年から十三年の気象資料がある。この気象資料は、気温、湿度、雲量、雨量、オゾン、風の月平均値を月毎に提供したものである。本来、地理局が出版すべきものであるが、その用意が整っていなかったので、『工業新報』の誌面を借りて公表したとしている。当時、郁之助は地理局測量課長を勤めていたが、その事業の成果の公表を民間事業に行わせている。この資料をみると、すでに明治九年からオゾンの測定をしていることが注目される。もっとも、単位は十階級表示で、大気の微量成分の濃度変化を捉えているとはとても考えられないが、近年、科学的に再評価されている。

タイプライターの紹介

荒井郁之助の記名のあるものは、第十三号（明治十年十二月一日）に掲載された「〈タイプライトル〉（手簡を印刷する器械）の説」のみである。これは、アメリカからタイプライターで書かれた手紙を受取ってそれに興味をおぼえ、さっそく器械を取り寄せ、その説明をしたものである。日本の文字には適さないが英文を書く速度は二倍になり、仮名を用いる電信の事業に使えば効果があがるであろう、という記事である。ここに、後の電信に使われた仮名文字テレタイプの発想が生まれている。

多様なニュース

雑報の欄には、内外の科学工業に関するさまざまな記事がみられる。国内では、地理局ほか政府各局のニュースをかかげ、官庁在勤者を編集陣に抱えた出版社の特徴がでている。また、他の新聞から転載して記事としたものもある。国内記事には、函館や横浜の新聞から、外国では英米の工業新聞からの転載がみられ、手広く内外の新聞記事から取材をしていたことがわかる。また、化学物質の用語の統一を呼びかけているが、そこには『英和対訳辞書』の付録に化学物質名を掲載した編さん者の顔がみえる。

一方、この雑誌の記事が他の新聞に掲載されることもあった。一般の新聞からも注目され、科学記事のニュースの元になっていたことがうかがえる。その一例に次のような記事がある。「品川のガラス製造局――品川のガラス製造局は今回英国よりゼームス・スピートを月給二百二十円にて雇入れたるが、同氏は……。是まで……舩燈(緑色)のほか、製造しえざりしが、自今必ず他品をも製造することになるべしと。又同製造局の傍らに化学実地試験所を設立し、工部大学校の生徒をして専ら実地の製造法試験に従事せしめるよし。該費は凡そ金五千円の見積のよし工業新報に見ゆ」と報じている(『新聞雑誌に現れた明治時代文化記録集成』、昭和十年、時代文化研究会)。このガラス製造所は、東京品川東海寺裏にあった民営ガラス工場を工部省が買上げて品川硝子製造所とし、明治十二年に工部大学校に移管したものである。そこに英国人技師を雇い入れ、官営のガラス工場と工部大学校の実習を兼ね備えた施設であった。近年この建物は博物館明治村（愛知県犬山市）に移築され、現存している。

科学技術情報の出版

これらの記事をみると、『中外工業新報』は今日の総合科学雑誌と産業経済界の業界誌の性格を兼ねそなえたもので、かつその嚆矢《こうし》となる新聞雑誌であったことがわかる。販売部数がどのくらいであったか知るすべもないが、科学工業関係の本の広告や舶来の器械機具の広告を扱い、記事の内容は広い範囲にわたっている。また、半年から一年の予約割引や郵送の申込みもすでにおこなっており、市販雑誌として広い販路を持っていたものと思われる。わずかに六年間ではあったが、ここに科学技術情報の出版販売事業のはしりをみることができる。

三　科学技術書の翻訳紹介

米国の科学書の翻訳

碑文には『地理論略』と『煉工全書』の仕事が紹介されている。このうち前者は著作となっているが、実は、あとで述べるように翻訳である。碑文の紹介にはないが、荒井郁之助訳による『測量新書』という書物がある。都合この三つが、郁之助が残した科学技術書の翻訳の仕事とみておけばよい。このうち、『地理論略』と『測量新書』は、現在手にすることができる。いずれもアメリカで出版された本がもとになっている。ところが、碑文に記されている『煉工全書』の訳については、まだ著者はそれを見る機会をえていない。公共の図書館などに収蔵の記録がないので、その存在を確かめることができない。

郁之助がこれらの仕事をした時期については、それぞれの本の発行日などの年月がおおよそのことを示している。『地理論略』は、明治十二年八月印行、凡例として添えられている一文は明治十年一月の年月を記している。この年月は、翻訳の仕事がおわり原稿が出来上がったときを示しているとみるのが順当であろう。また、『測量新書』は、巻頭の緒言に明治十年三月十五日の日付がある。これらの年月から、この二冊の本は明治九年から翌年のはじめ頃にかけての仕事と推定される。開拓使辞任が明治九年六月であるから、これは、民間人の立場での活動であった。これらのことから、辞任後の浪人期間の郁之助は、科学雑誌『中外工業新報』の発刊用意と、科学技術書の翻訳を主な仕事にしていたものと思われる。

ところで、科学技術書の翻訳出版であるが、維新になって西洋の書物の翻訳が急に盛んになった。明治期の翻訳書の調査によると、その出版数は、明治元年から二年にかけては二十一冊であったものが、三年には急増して百六十冊に、さらに十年、二十年になると、それぞれ二百五十冊、四百六十冊を越えている（『明治元年―至明治二十三年翻訳書目録〈未定稿〉』、昭和四十四年、東京大学文学部）。年間に数百種の新刊の翻訳書が出版されるようになったというのは、明治維新とともに西欧の輸入書紹介のブームがやってきたとみてよかろう。郁之助の翻訳書出版は、そのブームのなかの二冊である。

江戸期の科学技術書

　この二冊の翻訳書について、内容や多少なりとも評価を述べるまえに、江戸期以来の類書の出版状況をみておきたい。江戸時代は、人の行き来こそ鎖国状態であったが、科学技術の受け入れの道は開かれていた。オランダの貿易商をとおしていたので、売り手まかせのところはあったが、科学技術の蘭書の購入翻訳に支障はなかった。こうして、古くは『気海観瀾《きかいかんらん》』（青地林宗《あおちりんそう》）が文政八年（一八二五）に出版されている。日本で最初に紹介された西洋の物理学書である。これは気象学にかんする事項が多く、記述には創意もみられるという。のちにこの本を増補した『気海観瀾広義』（川本幸民《こうみん》）が嘉永五年（一八五二）に出版された。全十五巻の完成は、なお数年かかっている。このほか、『理学提要』（広瀬元恭《げんきょう》）が嘉永二年（一八四九）の刊行である。やはり物理学の本である。安政四年（一八五七）には『颶風《ぐふう》新話』(伊藤慎蔵《しんぞう》)が出版されている。これは、原著の英語を蘭人船長デルジンが蘭訳した本をもとにしている。「背を風に北は左、南では右手を出せ。それが中心」という表現でボイス・バロットの法則を紹介し、風向きと台風や低気圧の中心位置の関係を教えている。これらは、いずれも物理学などの科学書の翻訳で、それに多少手を加えて著作としたものである。

蘭医による科学書の紹介

これらの本の著者や訳者は蘭学を学んだ人で、オランダ語をとおしてその仕事をしている。また、伊藤慎蔵を除いて、医者として身を立てた人たちである。青地林宗は、蘭方医術を学び、のち窮理学(物理学)にも興味を示し、水戸藩の医者となった人である。川本幸民と広瀬元恭はそれぞれ藩医である。伊藤慎蔵も、もとは蘭医の家に生まれ、洪《こう》庵《あん》の適塾《てきじゆく》で蘭学を学んだのち、大野藩に出仕して命により翻訳をしている。こうしてみると、当時の日本の物理学は、オランダ医学に付随して学ばれている。オランダ医学を学んだ語学力を頼りに、専門外の物理や化学の書物の翻訳をおこなったものである。その後幕府は、黒船渡来を機に、外交・軍事の専門機関として安政二年(一八五五)に洋学所を設置した。そこの翻訳御用の教授職には、箕作阮甫《みつくりげんぽ》(津山藩)、杉田成卿《せいけい》(小浜藩)がおり、二人はいずれも藩医から転職してきている。川本幸民のほか、のちに教授手伝いとしてここに加わる村田蔵六《ぞうろく》（宇和島藩）と市川斎宮《さいぐう》（福井藩）も、ともにもとは藩医である。外国事情の調査機関もオランダ医学の専門家を中心に運営されている。この機関は、幕府の外国事情調査が目的であり、実務は翻訳そのものが主な仕事であった。その結果は、たとえ蘭書が翻訳されても、出版されて広く世の人が購読できるものではなかった。

洋学者による通俗書の出版

維新になると、かならずしも翻訳書ではないが、西洋科学技術の啓蒙活動が盛んになる時期があった。いわゆる洋学者による通俗書の出版である。もっともよく知られているものに、福沢諭吉の『訓蒙窮理図解《くんもうきゅうり》』（明治元年〈一八六八〉刊行）がある。これは、湿気・空気・水・風や、引力・昼夜・四季・日月食などの題材を集めたもので、諭吉が咸臨丸で渡米したおりに買い求めた科学の入門書をもとに、当時はやりの道理をジャーナリズム的に説いた本である。他の洋学者といわれる人たちも、書物からえた知識をたよりに、同様な思想で西洋の科学・技術を解説した啓蒙書を出版している。この間の事情は、「この洋学者たちの科学啓蒙運動は明治五〜六年を境に潮のひくように後退し、やがて消滅する」と説明されている（『維新と科学』）。この原因の一つには、洋学者たちの科学に対する能力の限界が指摘されている。文明開化のスローガンにのった洋学者の科学啓蒙活動は、欧米の書物のみからえた知識であるため、新しい話題こそ寄せ集めていたが、実は底の浅い文筆活動であった。

科学教育に役立つ翻訳書

これらの仕事にたいして郁之助の外国科学書の翻訳は、まず蘭医のような片手間仕事ではなかった。また洋学者のような啓蒙活動とは目的を異にしていた。そして、基礎知識を学んだうえでの翻訳活動であった。郁之助の経歴を振り返ってみれば、天文学・物理学・数学・気象学・測量術などは、すでに軍艦操練所において修得しており、天体観測や測量については、それを北海道の地で実地におこなってきた。しかもその技術は高い水準に達していた。出版の目的は、それぞれの本のはしがきにあたる部分をみても、ジャーナリズム的に解説した啓蒙書の発行の意図はなく、本来の科学教育のための教科書であった。

四　翻訳書『地理論略』

翻訳書『地理論略』

洋装活版刷約四百四十ページの『地理論略』は、石碑の説明に「地理論略を著し」とあり、しばしば郁之助本人が著述した書物として紹介されてきた。しかし、この本の冒頭に、米国の学者ワルレンによる『フィシカル・ゼオガラヒー』を訳したものであると

『地理論略』表紙

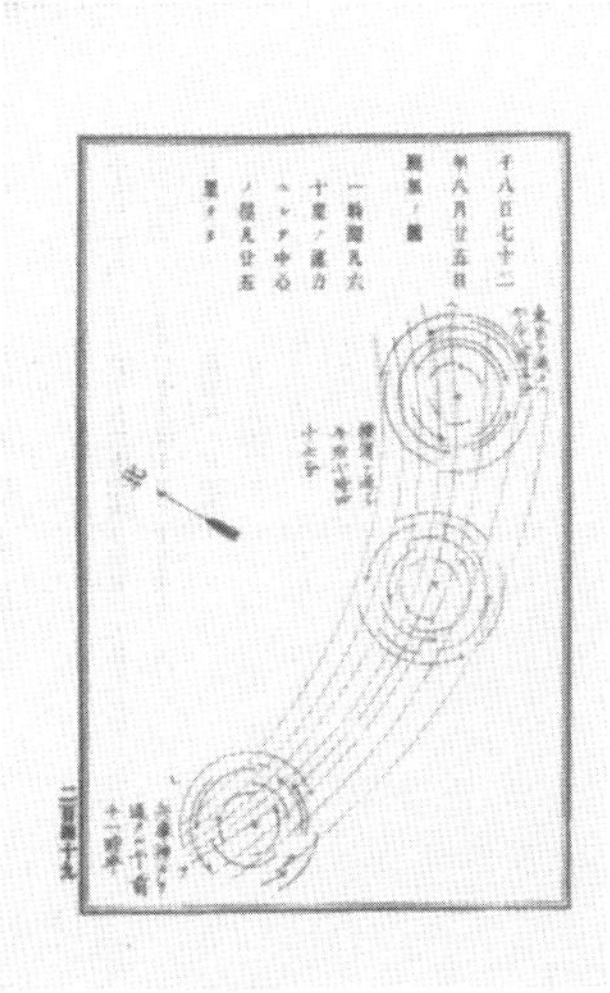

同　台風通過の模式図

述べ、荒井郁之助訳述と明記されている。すなわち、自然地理学とか地文学とでもいうべき表題の教科書を訳したものである。ただ、随所に解説や注釈があるので、事績をたたえ、漢文調の文章で字配りや訓読の調子を意識した碑文では、「刊し、著し、訳す」と書かれたのかもしれない。

内容を目次にそってみると、地質、水理、気象、有機体の四編からなり、項目を列記すれば、大陸、島、山谷、高原、平野、火山、地震、泉、川、洋、洋動、浪動、潮、洋流、大気、温、風、航海、大気の温（露、霧、雲、雨、雪、霰）、気候、電気、視象、植物、生物、人種にわかれている。現代の用語にすれば、地質、地理、火山、地震、水理、陸水、海洋、潮汐、気象、人文地理を四部に配分したものである。有機体という題名は、その後、訳者が意図した意味では用語として定着せず、人文地理の語が用いられている。今この本に表題をつければ、「地球の科学」となろうか。

当時の辞書は、英単語一語に対して日本語一語の項目が多い。物質名詞や単純な動詞などはまだしも、多少とも抽象的な概念を表わす用語になると、このような辞書を用いて翻訳をするのはいかにも困難であったろう。当時の翻訳の仕事は、現在では想像もつかない苦労があったと思われる。それだけに、この本にはいろいろな試みがみられる。直訳でなく冒頭の凡例に、「其義ヲ取リテ其語ニ因ラサル者又尠カラス」と書いている。直訳でなく意訳をするという断《ことわ》り書きである。さらに、「事跡引証ノ確実ナランヲ欲スカ為メ、二三ノ書中ヨリ抄訳シ」とも述べ、正確を期するためには他の本の一部を引用して理解を助けることもしている。台風の中心位置を知る方法を説明したところでは、「中心ヲ知ルニ簡易ナルアリ。今ココニアク。背ヲ風ニ北テハ左南テハ右手ヲ出セ。ソレカ中心」と『颶風新話』の引用がみられる。また、みずから実例を挿入して、読者の利便を計った努力もみられる。明治五年の夏、神戸から横浜や東京にかけて台風が通過したが、そのときの風の模式図を示している。日本の読者には日本の実例を用いて説明をするなど、気配りの行きとどいた本である。

専門用語の訳語に苦心

この時期の翻訳の仕事には、新しい概念や専門用語に新しい漢語をあてる用語の設定が必要であった。気象や気象学（Meteorology）の語も、まだ日本語にはなかった。この本では、「〈ミチオロヂー〉ノ語ハギリシャヨリ来タモノデ、天上ノコトヲ説イテイルヤウダガ、今ココニ気象ト訳ス」と断っている。たしかにメテオールは隕石を意味しており、語源を遡れば気象現象よりもっと高いところの現象を対象にした語である。初めて漢字を割りあてるときには戸惑ったであろう。明治五年刊行のヘボンの辞書『和英語林集成』は、この語を「空気の学」と訳している。郁之助編『英和対訳辞書』は、隕石を意味するMeteoriteを「降る石」、Meteorologistを「空中の見象《けんぞう》を論ずる学者」、Meteorologyを「同上の学」とし、用語の設定まではいたっていない。さらに、気象に関連した形容詞Meteorologicalは「現象《げんしょう》の」としており、これでは意味の伝達には不十分である。

専門用語「気象」の設定

「気象」の語は、このころようやく一般にも用いられはじめた。例えば、当時の外務省の職員であった久米邦武《くめくにたけ》が明治九年ころにまとめた『特命全権大使米欧回覧実記』では、多くは気性の意味で用い、ときに気候に代えて気象という語を天気に関連した意味

死語になった漢語訳

再版や翻刻版の出版

で用いはじめている（同書(二)、久米邦武編、田中彰校注、昭和五十三年、岩波書店）。Meteorologyを「今ココニ気象ト訳ス」と記した郁之助は、この語を一般の使用に定着させた人ということになろう。気象の語ひとつとってもこのような状況であった。訳語を設定しながら翻訳をするのは困難な作業であったろう。

このほか、貿易風や海陸風のように、その後今日まで一貫して用いられている用語もみられるが、せっかくの漢語訳でも時とともにすたれたものもある。半年風《モンスーン》は今日では季節風の用語が用いられている。定風、不定風、時風のような訳語は、現在ではその意味をつかみがたい。これらは、気象学の理解が深まるにつれて、用語としても意味を失った例である。新しい用語の設定は、当時の翻訳作業の大きな仕事であった。この時期は、まだ、翻訳者個人の努力で訳語を選び、用語を創作しなければならなかった。気象学の分野で専門用語を統一的に定める試みは、明治二十年代の中ごろになる。

総じてこの訳本は、理解のしやすさに気を配ったところがみられる。そこが関係分野で人気を得た一因であろう。明治十二年八月の文部省の出版につづいて、民間の出版社による翻刻（翻刻人東京府平民丸屋善七）がなされ、明治十六年には文部省版の再版が行われている。同年二月にはこの東京の出版社より再度翻刻版が、また五月には大阪の出版社

（翻刻人岡島真七）より翻刻版が出版されている。元の出版が文部省とあることから、学校の教科書にも採用されていたものと推察される。

五　数学の教科書『測量新書』

秘伝の和算

江戸時代の和算が高い水準に達していたことは、おおかた認められているところである。十七世紀にはすでに開平や開立まで扱った商算の入門書吉田光由《みつよし》著『塵劫記《じんこうき》』がある。関孝和《せきたかかず》の和算は、連立方程式を解くために行列式を発明するまでに達していた（小堀憲著『数学史』、昭和三十一年、朝倉書店）。ところが、その後は流派の秘伝として受けつがれるようになり、近代科学としての発展にはつながらなかった。幕末になって、国防と殖産興業の立場から数学の必要性に気づいたが、和算はもともと西洋数学とちがって「力学」への応用など自然科学とのかかわりのないまま発展してきたため、この事態に対処する能力はなかった。近代数学の輸入は、やはり急務であった。

軍艦操練所と数学

しかし江戸時代から、知識層の武家社会は、賤貨思想も手伝って数学を学ぶことはなかった。にわかに数学が必要になった人たちは、おおいに数学に苦しむことになった。

長崎の海軍伝習所では天文測量への必要から数学が重視されていたが、サインもコサインも知らない伝習生が初めて代数や幾何に四苦八苦している。仮学校の留学生山川健次郎がエール大学シェフィールド科学校を志願したときは、あらかじめ三角法の勉強をしておくことが入学の条件になったという話も残っている（渡辺正雄著『日本人と近代科学』、昭和五十一年、岩波書店）。しかし海軍伝習所や軍艦操練所は実務としての数学を必要としており、このなかから、わずかではあったが数学を身につけた人がでている。数学の教師に恵まれ、軍艦操練所でも数学を勉強する機会をえてきた郁之助はその一人で、操練所を離れてからも数学を必要とする測量の実務にたずさわってきた。数学書の翻訳をするには数少ない適任者であった。

三角法の教科書『測量新書』

各種の資料にはその記述をみないが、北海道の測量事業に参加したあとで郁之助は『測量新書』の訳本を刊行している。緒言によると、元の本は一八七三年に出版された代数・幾何・三角関数・対数の教科書で、米国カリフォルニア大学の天文数理を担当していたヘクレーという人の著である。これから三角関数と対数の部分をとりだして、測量に応用する数学の教科書にまとめたものである。元の本の題名が記されていないが、『日本書籍分類目録』によると「トリゴノメトリー」とある。すなわち三角法を教えた数学の本である。表題の測量の文字は訳者が選択したものだが、内容をもっとよく表わした表題をつければ、「測量のための数学」となる。仮学校を開き、北海道の測量の実務で指導的立場にたってきた郁之助にとって、測量につかう数学を教える教科書の必要を感じたのであろう。

測量技術のための応用数学

この本の緒言は、次のような書き出しになっている。「天象の空際に某布《ぼうふ》して移る。嶽瀆《がくとく》の大陸に彌亘《びこう》して動かざる。海洋の蕩漾《とうよう》、浩瀚《こうかん》として邦土島嶼《とうしょ》を区域する。その原始に至りては、皆以て人知の能く知るに及ばざるところなり」、すなわち、天体は空に分布して常に移動している、山河は大地にあまねく広がって動かない、海洋は常に波立って広く国土の島々を取り巻いている、これらの大自然の太古の姿は人知の及ばないところである、とまことに格調の高い文章である。つづいて、しかしそこに住むわれわれは、位置を定め、方位を求め、また、距離を測り、土地の高低を知ることができる。それは、まさに測量術による。三角法こそその測量のもとになるものだという訳者の弁である。こうした文章で話をおこすのは当時の風潮で、訳者の好みとは無関係と思われる。

訳にあたっては、「文字ヲ換ウルニ非ス。ヒソカニ順序ヲ錯置シ、又解シ難キ所ハ他書ヲ引処シテ明カニシ、丁寧スキル所ハ簡浄ニシ」としている『地理論略』とはちがい、なるべく原文に忠実に訳したといっている。もとが数学の本で、用語も文意も、元来、簡明な記述からなっているからであろう。本文は、巻一の三角術、巻二の対数、巻三で応用を取り扱い、問題と解答がある。巻二の対数は、身のまわりにどこでも電卓やパソコンのある今と違って、つい数十年まえまでは桁数の多い割り算には必須の手段であったことを思えば、精密な測量の計算には欠くことのできない武器であった。三角術は、もちろん三角測量の基本となる三角関数の取り扱いについて述べたものである。北海道で測量の踏査を共にした技術者の指導をした経験が、測量技術者のための応用数学の教科書を編みだすことになったのであろう。数学の難易度は、現在の高校から大学初年で修める程度である。縦書きの日本文のなかに、SINやCOSの横書きの記号からなる数式の混じった、活版三百五十六ページの本である。

六　所在不明の『煉工全書』

著者は、まだ『煉工全書』の所在を確かめていないが、碑文にかつての実在が記されているので、ここでは、『煉工全書』の訳はどこかにあるものとしておこう。その仕事はいつ頃なされたのであろうか。碑文の流れから判断すれば、職を辞してから明治十年八月に再度官途につくまでの間のように読みとれる。

窯業の技術書か

ではこの書名は何を意味しているのであろうか。煉の字は、元来、金属や鉱石を火に溶かして精錬することをいう。ならば煉工の語は、金属の精錬から加工までの広い分野の科学技術が考えられる。また、煉瓦の用例にみられるように、窯業に関係した技術をいっているのかもしれない。さらに、煉の字は煉丹や煉薬の用例のように、薬品を交ぜ合わすことにも通じているが、薬品は郁之助がかかわりを持った分野ではない。全書の文字からは、関連事項を広く集めて一冊の本にしたことがうかがえる。これらのことから想定すると、『煉工全書』は精錬や窯業関係の技術書ではなかったろうか。別に、この本のことと思われる記述で、郁之助の事績として『煉鉱全書』の訳を紹介したものもある（『荒井郁之助伝』）。これならば、鉱石の精錬の意味に近い。しかしいずれにしても、これらの分野は郁之助のこれまでの活動とは多少の距離がある。

地質学・鉱物学助手のアライ

『煉工全書』に想定される内容と郁之助の経歴とは、一致するところが少ない。しかし、両者の接点を探せば、地質学や鉱物学を通して多少のつながりはあった。『英和対訳辞書』の編集にあたっては、開拓使お雇い外国人の地質学・鉱山学の専門家アンチセルを相談相手にして、鉱物関係の用語集をまとめている。また開拓使は測量と並行して地質調査もおこなったが、その時、郁之助も多少その仕事にかかわっていたことをケプロンが日誌に書き残している。それによると、明治七年にケプロンが第三回北海道旅行をしたおり、北部と東部の調査には、ライマン教授、デイ大尉と日本人の地質学鉱物学助手アライ氏ほかを伴ったとの記録がある。郁之助は、測量のかたわら地質調査にも関係していたことがわかる。

　地理局に出仕してからの郁之助は測量課長の職務についていたが、地質調査所（明治十五年二月十三日設置）が開所されるまで、明治十一年から十三年にかけて地質課長を兼任していた時期がある。これは、東京大学のお雇い教師ノイマンと助手の和田維四郎《つなしろう》が設置を建議していた地質調査所の組織が整うまでの暫定的な措置であったと思われる。まもなく和田は地理局に移り地質課長心得となり、つづいて郁之助の地質課長は解任される。しかし、こうして郁之助は、辞書編さん以来、『煉工全書』の表題が示す内容に多少なりとも関連した分野の仕事もしていた。『煉工全書』と呼ばれる本を翻訳するだけの素養を身につけることはできたであろう。

　郁之助は、後年、地理局で気象の部門を確立してから退官することになるが、そのた

品川弥二郎宛て書簡

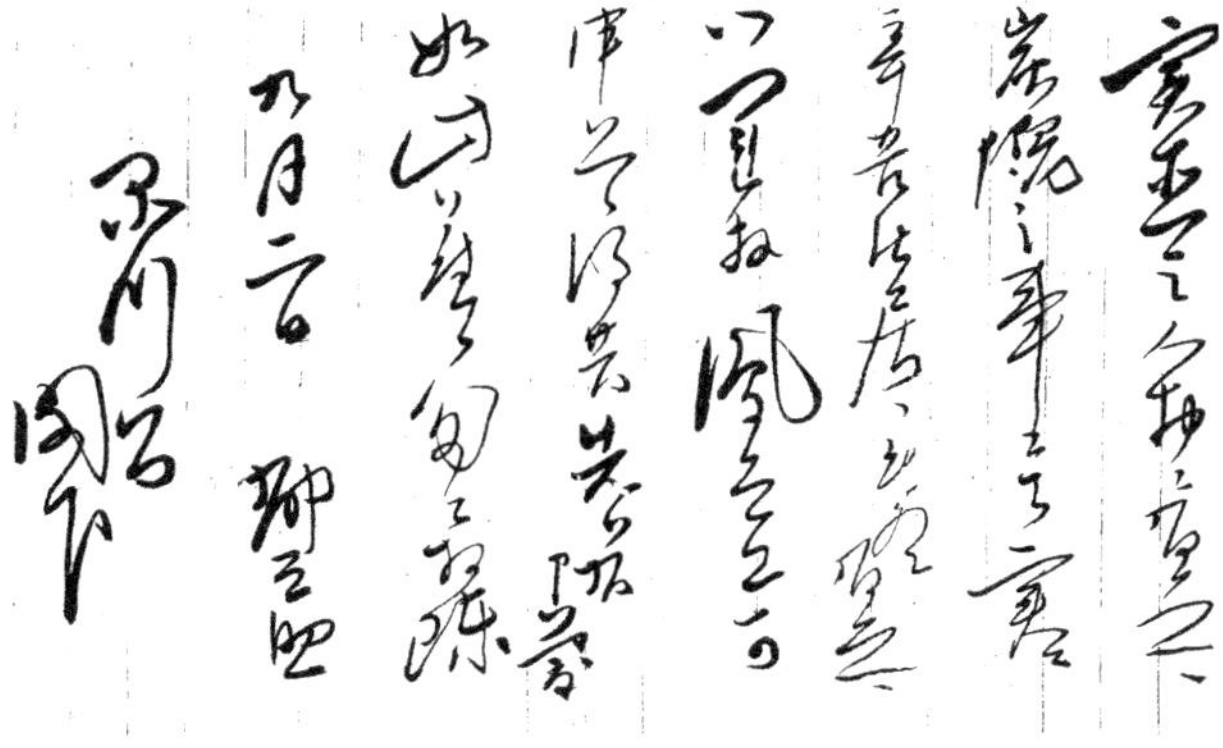

品川弥二郎宛て書状（国立国会図書館憲政資料室蔵）

めに、気象関係の人と思われがちであった。しかし、気象のほか、測量や天体観測はもちろん、意外に地質や鉱物の分野にもかかわりを持っていた。精錬や窯業に関係の深い石炭に注目していた形跡を残している。明治の何年のことか記されていないが、当時の内務省の高官品川《しながわ》弥《や》二郎《じろう》に石炭製品を紹介した手紙を残している（国立国会図書館憲政資料室蔵）。品川弥二郎は、明治十二年には郁之助の上司として地理局長を、つづいて、勧農局長、農商務大輔を、のちに内務大臣をつとめている。後年、大日本窯業協会会頭をひきうけたこともある。郁之助の手紙は、かつて旧幕府時代にフランス伝習を受けていた部下が、福岡県にある炭塊製造所で造った「炭塊」を品川弥二郎に見せるための紹介状である。炭塊という用語は今は聞き慣れないが、この炭塊製造所の設立を紹介した当時の新聞記事によると、粉炭を固めたものである（『新聞集成明治編年史』）。

こうして、郁之助の職務や行動が地質や鉱物に関係のあったことをみれば、郁之助が『煉工全書』の訳者であったことに不思議はない。これまで『中外工業新報』が荒井郁之助に関係して紹介されることがなかったのは、表題の「中外」の有無が隘路であったことを思えば、『煉工全書』も、実は『〇〇煉工全書』としてどこかに収蔵されているかもしれない。所在が判明するのを待ちたい。

第七　地理局のころ

一　内務省地理局へ奉職

地理局の設置

明治九年（一八七六）六月に開拓使を辞任して『工業新報』をおこし、月二回の発刊にこぎつけるまで、一年ほどかかっている。しかし、第一号を発行するや二カ月して、ふたたび郁之助は新政府に仕えることになった。碑文は、「再び内務省地理局に奉職し、全国の三角測量を剏《はじ》む」と記している。当時政府は、先に、他の部局でもおこなってきた地理・測量の事業を、一部を除いて、内務省地理寮に統合し、明治十年一月には、地理寮を地理局に改組した。そこで事業の指導的地位にたつ専門家を必要としていた。この時期に郁之助は、新組織地理局の一員となり、明治十年八月十六日付で内務省御用掛の職についた。このとき、地理局測地課は測量課に改組され、まもなく十二月に郁之助がその測量課長の席につき、三角測量の事業を推進することになった。

公文録に残っている当時の記録をみると、内務卿より太政大臣宛てに、明治十年八月十日付で郁之助を内務省職員に採用するための申請が出されている。「上申　東京府平民　月給百二十円　従五位荒井郁之助　右ハ当省御用掛准奏任ニ仰セツケラレタク此度上申シ候ナリ」とある。この文書には、同月十六日に許可されたとの達しがおりている。ところが、この間はわずかに六日間であるが、十五日には、十日付で申請した者の処置は至急を要するので、急いで事務を願いたいという文書が出されている。数日をあらそって、なぜこんなに急いだのであろうか。一方、百二十円の月給は三年後には三十円増給となるが、明治八年当時の政府職員の月給をみると、大技監百五十円、大技師七十円となっている（湯浅光朝著『日本科学技術一〇〇年史（上）』、昭和五十五年、中央公論社）。また、工部省お雇い外国人の月給は、大部分が百円から三百円である。百二十ないし百五十円の月給は、技術官吏としてはかなりの高給とみてよかろう。地理局は、郁之助にそれなりの俸給を支給して、早急に採用しなければならない状況にあった。

このとき地理局には、測量の実務経験のある、かつての咸臨丸艦長小林一知《かずとも》が勤務していた。戊辰戦争で郁之助と行動を共にした幕府海軍の出身である。小林は、幕府艦隊が江戸品川沖を脱出したおり、暴風雨にあって遭難し、清水港に逃れて新政府軍に捕われ、のちに許されて民部省に出仕し、土木大佑に任ぜられた。その後、民部省の測量事業が内務省に移管されたとき、郁之助より一足先に内務省に職を得ていた。民部省当時は、お雇い外国人エドモント・モレルのもとで、東京・横浜間の鉄道建設のための測量に従事した。郁之助と同様に、近代測量技術を身につけた人であった。郁之助が地理局に加わったときは測量課長を勤めていたが、その席を譲って次席に引き下がった。郁之助の再出仕は、このようなやり繰りのもとに行われた人事であった。

地理局の事業

当時、陸域の測量事業は各省に入り乱れて行われていた。陸軍省参謀本部測量局にそれらが統合されたのは明治十七年であった。新政府の発足当初は、民部省に戸籍地図係が設けられ、まもなく明治二年七月に地理司の設置となって、測量事業をおこなう部局が開設された。これは、土地所有と租税の収入にかかわる事務をおこなうために設けられた部局である。ここに地理の看板を掲げた国の機関が誕生した。この事業は、大蔵省租税課地理司に移されたのち、明治七年に行われた組織改革で内務省地理寮へ移され、明治二十四年の内務省地理局の廃止までつづいた。

また工部省は、土木事業をおこなうために明治四年七月に測量司を設置し、測量事業を推進した。これも、明治七年の組織改革で内務省地理寮に移管された。太政官の正院にあった地誌編さんの業務の一部も、同じときに内務省地理寮に移管された。地理寮では、これらの事業を量地課に統合し、のちに、測地課に改組した。これが、郁之助がその職についた地理局測量課に改組されていく。このように、組織の統合改組が目まぐるしく行われ、内務省地理局に事業の統合が行われていた。

陸軍と海軍の測量事業

一方、兵部省は明治四年八月に参謀局間諜隊を設け、平時には地理の偵察と地図の編成をおこなう機関を設置した。これは、明治十七年五月に測量事務の陸軍省参謀本部への統合によって、今日の国土地理院の事業につながっている。また、沿岸測量は、これらの陸域の測量事業に並行して、明治四年に兵部省に水路局を設置し、一貫して海軍部内で業務が行われ、現在の海上保安庁水路部に受け継がれている。創設時の水路部は、長崎海軍伝習所の諸藩伝習生であった津藩出身の柳楢悦《ならよし》を水路監督長官に得ていた。

明治五年になると兵部省は陸軍省と海軍省に分れるが、陸軍省参謀局は地方に布達を出し、城市、村落、山河、海岸の形状、その他風土記、また、戸口、物資交通および歴史にいたるまで、地図編成に必要な資料を差し出すよう要請をおこなった。その後、参謀局の事業は徐々に進展し、「佐賀討伐記」などの兵要地誌の編さん、観音崎付近の局地図などの作成に成果をあげてきた。

地理測量事業の整備

地理寮の名称を改めた地理局が、『工業新報』を創刊してまもない荒井郁之助の採用許可伺いに督促の文書を添えた事務までおこなっていたのは、このような時期であった。参謀局のおこなう測地事業にたいして、正院、大蔵省、工部省の事業を集約した内務省地理局は、地理測地事業の整備を急いでいた。日本で三角測量を最初に実施した開拓使の事業経験が、ぜひとも必要となったのであろう。『工業新報』を刊行し、科学の普及事業をようやく軌道にのせていた郁之助は、三角測量の専門家を求めていた地理局が、かつての部下を降格させて用意した席につくことになった。

二　大三角測量の確立

大地測量と小地測量

当時の測量は、大地測量と小地測量の二つの方法で行われていた。たとえば、東京近傍の局地図は小地測量をもとに作製された。これは、ほぼ平面と考えられる地域を、平面上に縮小して図にするものである。開拓使のおこなった北海道の三角測量や、地理局がおこなおうとしていた三角測量は、より規模の大きい地域の地図の作製で、そこには、本来、球面上にある立体の地形を平面に表わすという厄介な問題もあった。このための測量は大地測量と呼ばれ、それを三角測量の手法でおこなうので、大三角測量と呼ばれた。小地測量は陸軍省参謀本部（明治七年まで参謀局）がおこない、地理局の計画は大三角測量の実施であった。郁之助は、この計画の必要性を、「全国を測量し、精密の図を造らんと欲するに、まず、その大部分を精密に測定し、而して漸次小部分に及ばざれば差謬重層して、必ずその真形を得る能はず」、すなわち、まず精密な大地測量をおこない、それに基づいた小地測量で地域の地図を造るべきだとしている。のちに述べるように、これは東京地学協会の席で講演され、「測量術沿革考」として会誌に発表された。陸軍省参謀本部の事業にたいして、地理局事業の重要性と正当性を説いている。

精密測定技術としての三角測量

すでに欧米では、三角測量の高度な技術が確立されていた。十八世紀には、地球の赤道面での直径と両極をとおる面上の直径について、その大小の問題が提起され、英国のニュートンとフランスのカシニーのあいだで意見が対立していた。ニュートンの唱える地球の形は、両極を押し潰した偏平な楕円形で、カシニーは南北に長い長楕円を想定していた。フランスの科学アカデミーは一七三四年に、北はラプランドに、南はペルーに、それぞれ子午線一度の距離を三角測量で測定する計画をたて、測量隊を派遣した。結果はニュートンに軍配があがった。三角測量は、こうして揺籃期の地球科学において、地

高等数学を用いる大三角測量

球の形状の精密測定技術として早くから完成した科学的手法となっていた。

しかし十九世紀の初期に行われた伊能忠敬《ただたか》の全国測量は、三角測量の技術は用いていなかった。二点間の方位と距離を単純に測定する方法であった。これは距離の測定で誤差の蓄積を免れない。また、山間部の測量は、事実上不可能である。ところが三角測量は、ある特定の二点間を基線として定め、その距離は精密に実測をするが、他の地点では角度の測定のみが行われる。基線の長さを測定するときは、合金の測杆《そっかん》に温度補正をほどこし、物差《ものさし》の両端は拡大鏡で読み、繰り返し測定の平均値を求めるなどして、精度を高めている。この基線を一辺とした三角形を定め、頂点間の方位角が測定されるのである。それでも測定には誤差がつきまとう。三角形の内角の和は、測定値では百八十度にはならない。したがって、多くの測定をおこない、最小二乗法で真値に近い数値を決定する。一辺が十キロを越す三角形がいくつもつらなると、もはや平面としての取り扱いではできない。球面を平面に投影する数学の操作が必要である。このように、大三角測量では高度な数学による計算が行われる。小地測量が技術者による測量実務であるなら、大三角測量は、高等数学を駆使した上級技術者の仕事であった。この技術を郁之助は北海道で身につけていたのである。

「測量術沿革考」

「測量術沿革考」の内容を概観すると、伊能忠敬の業績評価、磁北の経年変化の実証、大三角測量の意義と方法、西欧各国の三角測量事業の歴史からなっている。この講演には、地理局のおこなう三角測量事業の台所の苦しいところに、なんとか政府予算を得ようとする意図も含まれていたようである。結びは、「今政府ノ収納を概算スルニ、ソノ全額ノ平均三分ノ二ハ地租ノ徴収ニアリ。財政上実ニ緊要ノモノト謂フヘシ。而シテ之ヲ実験ニヨリテ徴スルニ、地租ノ金額ハ測量ノ精密ナルニヨリテ増加スルヲ以テ例トス。ソノ一例ヲ挙ケンニ、愛倫《アイルランド》ノ如キ大砲局ノ三角測量ニヨリテ毎年殆ド五万ポンドノ租額ヲ増加セリト云ヘリ」として、報文をまとめている。すなわち土地の面積は一般に狭く申告されているので、測量をすれば税の増収につながることを例示し、大三角測量の行政における意義を強調している。

測量事業の移管

郁之助が「測量術沿革考」の講演をおこなったのは明治十五年である。この時期は、伊能忠敬の死後六十数年たっており、贈位の話が持ち上がったときで、国家事業としての三角測量の必要性を行政家の集まるサロン東京地学協会の席上で講演するのは、地理局として時機を得ていた。しかし、地理局の大三角測量は国家的事業として始められたものの、進捗状況はかんばしくなかった。測量チーム派遣の年間予算を割り振ると、事業の基礎固めである一等三角測量を終えるのに二十三年もかかる。こうして地理局の測量事業の将来を案じていたとき、明治十七年六月二十六日の太政大臣の達しは、「内務省所属大三角測量事務、自今参謀本部ノ管轄ニ属セラレ候条、右事務同所ヨリ可請取《うけとるべく》此ノ旨相達候事」となり、測量事業のすべては、陸軍省参謀本部の陸地測量部へ移管されてしまった。郁之助は、また測量事業から手を引くこととなった。地理局のおこなっていた三角測量の進捗状況を図にした「日本三角測量路程図」によると、千葉県の鹿野山、茨城県の筑波山、東京は落合村などを頂点とする三角網が書き込まれている。基線測量は栃木県の那須野原で行われた。この時期の地理局は、調査、測候、予報、験震、観象、編暦の六課からなり、地質と地図測量の事業を他の機関に移した地理局は、この時から地理の名称を掲げるのはふさわしくなくなった。

三　メートル法の導入

明治維新前後に外国人技術者が設計した施設は、母国の尺度で設計された。大阪造幣局はフィートが、横須賀製鉄所はメートルが用いられている。従来の尺貫法のなかに、英国式のヤード・ポンド法とフランス式のメートル法が共に輸入されてきた。しかし、明治八年にはメートル条約が締結されて、世界の趨勢はメートル法採用の方向にあった。日本がメートル条約に加盟したのは明治十八年だが、それに先だち内務省地理局は、明治十五年にメートル法採用に踏み切っていた。これは、気象観測値の扱いを全国で統一し、また諸外国と交換するためであった。

明治政府の度量衡担当は、初めは大蔵省で、後に農商務省に移った。一方、独自にメートル法の採用に踏み切った内務省は関係各省に呼びかけ、英仏度目採排取調委員会を設けて検討をおこなっている。これは、陸軍、文部、農商務、工部の各省と大学の関係者を集めた委員会であった。『英和対訳辞書』の付録で度量衡の解説をおこなった郁之助は、早くから度量衡に興味を持っていた人だが、小泉袈裟勝《けさかつ》氏は、この委員会設置の提唱者は荒井郁之助であろうといっている(『ものさし』)。

長さの換算係数の決定

西洋の度量衡を採用するにあたっては、尺貫法との換算係数の設定が必要であった。もっとも、江戸幕府はますとはかりは座を設けて統制をしいていた。しかし、尺度については無策にひとしかった。その結果、さまざまな物差が用いられていた。いずれもメートルとの比はおおよそ一対三だが、法令に銘記できるように換算係数を用意することは、容易ではなかった。明治の初年から検討をはじめた度量衡が法律として制定されたのは明治二十四年である。

新政府では、まず当時度量衡の担当部局である大蔵省の度量衡改正掛が、明治三年に、地球の大円周、すなわち両極を通る円周の一億二千万分の一をもって尺としようという案を提出した。これは、メートル法が大円周を四万キロと定めたことに関係づけて、三分の一（〇・三三三……）メートルを尺とする案である。これに対して制度局は、赤道を通る経度一度の距離の三十六万分の一、すなわち赤道の長さの一億二千九百六十万分の一を一尺とする対案を提出した。この尺は、赤道の長さを四万キロとすれば、一尺が三・二四分の一（〇・三〇八六……）メートルとなる。いずれも、メートル法の定義に習って、地球の大きさに準拠した斬新な案であったが、両案とも廃案となった。

度量衡取締条例

そこで、過去の尺度の歴史を調べることになった。その結果、尺には裁衣尺（呉服尺や鯨尺）や高麗尺などがあるが、曲尺《かね》が正当であると認識された。さらに、曲尺には享保尺、念仏尺、又四郎尺、折衷尺などがあるが、享保尺と又四郎尺の平均値にあたる折衷尺が採用された。ここで、ようやく尺が決定され、明治七年に度量衡取締条例が制定された。この条例は単位の大きさは定めていないが、府県に配布する原器の用意がなされ、

三十三分の一〇メートル

結果として日本の尺がメートルの三十三分の一〇（〇・三〇三〇……）となった。しかし、尺がメートルの三十三分の一〇であると法令で規定されるのはさらに後になり、明治二十四年に制定された度量衡法においてである。そこでは、「第二条　度量衡ノ原器ハ白金、イリジウム合金製ノ棒及分銅トス。其棒ノ面ニ記シタル標準線間ノ摂氏〇・一五度ニ於ケル長サ三十三分ノ十ヲ尺トシ、分銅ノ質量四分ノ十五ヲ貫トス」と定められた。ここに〇・一五度という温度の半端な数字は、三十三分の一〇というきりのよい数字で尺とメートルを関係づけるために逆算された数値である。

のちに地理局で中央気象台長の職につき、度量衡法案審議の審査員を勤めた中村精男《きよお》は、この当時の事情をおぼろげに語っている。雑誌『度量衡』に残した懐古談で、「メートルを三尺三寸とすることは幕末に荒井郁之助先生等が極めたものかもしれぬ。何しろ其当時は原器の確かなものがメートルにも尺にもなかったからメートルは凡我三尺三寸に当ると成て居たが、……」と話している（『計量百年史』）。ここに幕末にとあるのは、文脈から判断して、幕末に活躍した荒井郁之助先生が明治になって、と字句を挿入して聞き取るべきであろう。メートルを三尺三寸、または尺を三十三分の一〇メートルと定めたのは誰かと問えば、この懐古談をもとに荒井郁之助であるというのが定説になっている。

しかし荒井郁之助も、明治五年編さんの『英和対訳辞書』の付録では、まだメートルを三尺三寸に換算してはいない。ヤードを三・〇一一尺とし、メートルを三・二九二九四六七二七九尺（尺＝〇・三〇三六七九三……メートル）としている。この数値からみて、メートルと尺の関係は、ヤードを通して換算している。『英和対訳辞書』の換算係数を求めたころは、郁之助もまだ英米流のヤード・ポンド法を基準にしていた。このメートルと尺の関係は、のちに度量衡法で定める尺＝〇・三〇三〇……メートルにかなり近い数値だが、一メートルにつき約二ミリの違いがある。

四　創設期の学会に参加

明治十年頃から各種の学会が組織されるようになり、今日の自然科学系の学会活動の揺籃期が始まった。口火を切ったのは、さすがに蘭学の中心的存在であった医学である。東京医学会社の創立が明治八年である。今日、学会と呼び慣わしている組織は、当時は会社とも呼ばれていた。もう一つ明治六年に創設された団体に明六社がある。福沢諭吉、加藤弘之、西周《あまね》など、いわゆる洋学者の集まりである。この団体は、学術の研鑽そのものを目的とした集まりではなく、社会思想の啓蒙に活躍した。まもなく使命を果たして幕を閉じた。つづいて創設されたのは、明治十年に東京数学会社、十一年に化学会と東京生物学会、十二年に東京地学協会と工学会、十三年に日本地震学会とつづき、十五年に東京気象学会が創立されている。このうち東京数学会社、東京地学協会、日本地震学会、そして東京気象学会が郁之助が会員として参加した団体である。これらのいわゆる学会での郁之助の活動は、会長を勤めたり、重要な活動をしたり、また一会員で終わったりしている。

数学の学会

東京数学会社は明治十年十月に創立され、毎月一回湯島の昌平館に集まり、また『東京数学会社雑誌』の誌名で木版縦書きの会誌を刊行しながら活動をつづけた。発足当時の会員名をみると、総代と総理がそれぞれ神田孝平（文部少輔、元老院）、柳楢悦《ならよし》（水路局長）、ほかに小野友五郎、菊池大麓《だいろく》、沢太郎左衛門、赤松則良、矢田堀鴻、山川健太郎、荒井郁之助など百十四名である。幕府時代に海軍の教育を受けた人と、新時代の教育を出発点とした人が共に参加していた。しかし、ほかに和算家も会員に含まれていた。会誌の冒頭をみると、会員が問題を出し、次号に解答を載せるといった編集方針である。

微積分を学ぶ

第一号の巻頭の問題は、富士山麓から中腹および山頂の高度を風雨針（気圧計のこと）の読みから求めるものだが、ただの比例算にもならない問題であった。しかし、号を重ねるうちに、さすがに順当な問題がだされるようになった。第十九号（明治十二年十月）には、会誌に問題を出した人の一覧がある。肝付兼行《きもつきかねゆき》の四十二題のほか菊池大麓、柳楢悦らが盛んに投稿するが、荒井郁之助の名はみえない。その素養を十分持っていたはずだが、なぜか数学会社での活動記録はない。

郁之助の数学修得のころを振り返ってみると、操練所時代に洋算の勉学をし、また矢田堀に通い、甲賀源吾と共に高等幾何および高等代数などの研究をしていた。郁之助の数学については、小松醇郎《あつお》氏の説明によると、「荒井と近藤（真琴）とは矢田堀塾というべく、甲賀は荒井塾、新島（襄）は甲賀塾ともいうべく、ここでも秀でた人は個人塾によるのが大であった」と述べている（『幕末・明治初期数学者群像』）。当時、数学の教室は個人の塾であった。その個人が矢田堀鴻であり、荒井郁之助であった。また、数学に長けた当時の人については、「応用数学もできた人々は、矢田堀、塚本、荒井、甲賀位であろう」といっている。そして、微積分に関しては、雑誌『旧幕府』に郁之助が述べた記述を引用して、「後に荒井が言っていた如く〝微積分まで学んだ〟というのもほんとのことであろう。ただし彼は〝どうせ二人（甲賀源吾とのこと）の独学だから大した事はない〟と言っているのは、かえって数学の背景も心得ていたと言うべきである」と述べている。この評価から判断して、郁之助は微分積分学とはいったいどんなものか、それを早くも幕末のころにのぞき見した人であったとおもわれる。このような数学にたいする実績と、数学の教科書『測量新書』訳を刊行していることを考慮すると、郁之助が東京数学会社時代の西洋輸入数学の理解に遅れをとっていたとも、また、この時期に数学から遠のいていたとも考えられない。しかし、『東京数学会社雑誌』には一度も投稿をしないで終わっている。

世界最初の地震学会

郁之助は、日本地震学会においても一会員として投稿をするなどの活躍はしていない。しかしここでは、いろいろなかかわりをもっていた。この学会の表看板は、実は英文表示で、会誌の名称も英文になっている。別に日本名は『日本地震学会欧文報告』と併記されている。第一巻をみると、百十一ページの論文一編のみ掲載されており、著者は工部大学校の地質鉱山学教授ジョン・ミルンである。この学会は、日本にあって会員の半数以上が外国人という異例の学会であった。百二十人足らずの会員で、日本人は四十人に満たない。世界で最初の地震学会で、地震学の祖ミルンが毎号のように投稿して運営されていた。会長こそ日本人で、東京大学幹事の服部一三《はっとりいちぞう》だったが、副会長がミルンで、幹事、会計と、四人の委員は外国人で占められていた。火山島の地震研究が念頭にあったのか、名誉会員にハワイ諸島のカラクア王の名がみられる。在外の外国人会員は二十名を越すほどに国際色豊かな学会であった。創設当初から郁之助は会員になっていたが、多くがミルンの論文で占められている会誌は、地理局の郁之助が投稿する舞台ではなかった。

『地震観測年報』の発行

地震学会における郁之助の実質的な活動は、組織の責任者としての活動であろう。全国の地震観測報告を地理局に集め、明治十八年から地理局による『地震観測年報』として発行している。これは、ミルンと東京大学助教授の関谷《せきや》清景《きよかげ》が、全国に六百の観測点を設けて始めた事業である。専門外の人に依頼して、地震があったときその時刻や震動の強弱などの報告をうける事業であった。当時、郁之助は地理局第四部の部長の職にあり、同部の験震課長を兼任していた関谷清景をとおして、ミルンの地震学会に協力をしていたものと思われる。

会誌への投稿などの活躍はしなかったが、地震学の開祖ミルンとは公私にわたった付き合いがあった。かつて仮学校の女学校生徒で、ミルン夫人となった堀川登禰《とね》とミルンの結婚にあたっては、郁之助は仲人を勤めた。また、郁之助の末子陸男《りくお》の残した父親像は、「おやじの交友には、外国人がなかなか多かった。また外国人の方からも、英雄崇拝的に、更にまた新知識の持ち主として、敬愛していたのである。地震学のミルン、数学のペレー、造船学のダイバス、大阪の造幣廠のゴーランド等は親密な交友であった」と語っている（『海将荒井郁之助』）。陸男は郁之助が数え年五十歳の時の生まれであるから、この話は、自分が直接体験した記憶のほか、年配者からの聞き伝えが多いとみなければならない。さらに、身内の証言は多少割り引いて聞かねばならないところもあろうが、日本地震学会を通じてのミルンとの公私にわたった付き合いは、事実として受け止めてよい。

五　東京地学協会で活躍

財団法人東京地学協会は、明治初期に創設された代表的な学協会である。その発端は、明治初期に外交官として欧州に駐在していた渡辺洪基《こうき》、鍋島直大《なおひろ》、長岡護美《もりよし》、榎本武揚《たけあき》の四名が、現地の王立地理学協会の会員となり、地学が国の発展に大いに貢献しているのをみて、日本にも同種の協会が必要であることを痛感したことからはじまった。創立は明治十二年で、会長にあたる社長には北白川宮能久《よしひさ》親王を迎えた。

高位高官のサロン

このような経緯で設立された東京地学協会の会員は、政治家、外交官、軍人、貴族を中心に構成されていた。たとえば、華族従二位伊達宗城《だてむねなり》、正四位勲一等参議兼外務卿井上馨《かおる》、正四位勲一等参議大隈重信《しげのぶ》などの名前がみられる。入会時の名簿には、職名のほかに位階勲等が併記されている。このほか、英国の公使館二等書記官アーネスト・サトーなどの外国人も加わっている。郁之助は地理局の幹部職員であり、この会の事業からみて専門家であったが、高位高官のサロン的な雰囲気のあった協会にあって、あまり表に立った行動をする立場ではなかったとおもわれる。名前の下には従五位地理局御用掛とある。創立まもなくして退会者が幾人も出たが、なかに福沢諭吉の名前がみられる。おそらく思想信条を理由に退会したのであろう。入会時の名簿をみると、福沢諭吉には位階勲等も職業も書かれていない。しかし郁之助は、この協会で学術的に価値の高い活躍をしている。また、協会の運営については、役員にあたる議員の選挙のおり、最初は次点であったが、翌明治十四年には役員に選ばれている。

講演「測量術沿革考」と「日本の地学経度」

協会の活動は、毎月のように講演会を開き、それを会誌『東京地学協会報告』に掲載するという形態をとっていた。明治二十六年には地学会を合併して誌名を『地学雑誌』と改めて現在にいたっている。創立当時の協会の様子を地理学者小川琢治《たくじ》は、「当初から倫敦、巴里、伯林等の欧州諸学会と対等の地歩を占め、故北白川宮能久親王殿下親しく会長として会務を視られ、創立の際宮内省の御下賜金に有志の醵金を加へて会館を建て、研究および調査の成績を講演および報告により内外に発表する機関を設け、他の諸学会に率先して立派なる団体を成した」と述べている（『新日本史』、大正十五年、萬朝報社）。

そこで郁之助がおこなった講演と報告は、「測量術沿革考」と「日本の地学経度」であった。いずれも、それぞれの分野の技術について、歴史的な経過を解説し、独自の成果を紹介している。論文の書き方は、過去の成果の上に新たな観測事実を積み上げ、論旨の展開も客観的で、近代的な科学論文のスタイルになっていることは大いに評価できる。

偏角の経年変化の考察

「測量術沿革考」とその講演については、すでにその概要を述べてきた。加えて、その一部に、地磁気偏角、すなわち、真北と磁針の指す方向の差が伊能忠敬の時代からどう変動してきたのか、それを説明した部分があるので述べておきたい。現在でも第一級の科学論文として通用するものと評価できる。

一般に、磁針は北を指すように理解されている。これは、地球上のすべての位置にあってはかならずしも正しくないが、一八〇〇年頃の日本では、磁北が真の北の方向を指していたので、磁北と真北を同一とみなしても差し障りはなかった。日本付近の地磁気偏差の長年の変動を追ってみれば、一六五〇年頃は北から東側に七、八度ずれており、その後しだいに真北の方向に移り、現在は西側に六、七度ずれている。その間、磁針がほぼ北を指す一時期があった。測定技術の未熟なあいだは、磁針は北を指すものだとおもって間違いのない時代が長くつづいていた。江戸末期から明治の初期になると、近代的な測定技術が西欧から導入され、一方、磁針は真北より数度西を指す時期にはいった。

磁北の経年変化の理解

この当時、西欧諸国が協力して第一回極年観測を準備しており、内務省地理局はフランスの要請を受けて地磁気観測をはじめた。その結果を東京地学協会で発表したのが「測量術沿革考」で、ここで伊能忠敬時代以来の磁針の方向が示す偏角の問題を解決している。まず、伊能忠敬がおこなった磁北と真北が一致している測定の評価から説き、かつて郁之助が小野友五郎と共におこなった沿岸測量時代の測定値と、新たに明治十五年におこなった測定値とを用いて、日本付近の地磁気偏角の経年変化に初めて正しい解釈を与えた。伊能測量は八十年前で、当時の偏角がほぼ零であることは間違いなかろうと判断した。幕末の沿岸測量は二十二年前の測定である。これらと、このたび地理局がおこなった測定値を比べると、日本付近の磁針の指す方向は、それぞれの期間で、三・二九分および三・三分それぞれ東から西に経年変化をしていたことがわかった。この値は、伊達政宗公の石室より発掘された磁気コンパスの研究をおこなった加藤愛雄《よしお》や、初代地磁気観測所長を勤めた今道周一《いまみちしゅういち》による日本付近の地磁気の経年変化とよく一致する。

「測量術沿革考」は東京地学協会の例会で、明治十五年十月二十七日と三十一日に講演されている。初回の記録によると、二十一名の出席者があり、その氏名も記録されている。二題の講演がなされているが、郁之助の話は予定どおりの時間では収まらず、翌週に臨時会を開いて続きを講演している。その日の出席者は二十三名が記録されており、講演者も熱が入り、また、参会の会員もわざわざ臨時会に多数出席した。話の内容が会員の興味を誘うものだったのであろう。当時は、地理学が行政家のあいだで大いに必要とされていた時代であった。それに応えることのできる会員は多くはなかったが、郁之助はその一人だった。他の大半の会員は、サロンで聞き役にまわるのが地学協会であった。

六　経度の決定

経度と標準時

　この時期の郁之助は、日本の経度の決定の仕事を残している。世界地図の中に日本の経度を定めることは、世界各国に対する時差のもとに日本標準時を定めることでもある。当時はまだ、異論のない万国共通の経度の零線は定められていなかった。開拓使が制作した地図は、ヤード・ポンド法を使用する米国の流れをくんで、グリニッチを起点にした経度の上に描かれていた。『米欧回覧実記』の編者久米邦武《くめくにたけ》は、日本をたってアメリカに向かうとき、二日目に船の位置をメモに記して、東経五三度五五分、すなわち英国より一六七度二五分なりと書いている。日本近海では、マカオと思われる地点を基点にしている。このような状況にあって、地球上のどこかに南北に走る本初子午線を設定し、国際的に経度の基線を定める必要があった。その座標のうえに、はじめて日本の経度が定まり、外国にたいして相対的に標準時が決定されることになる。荒井郁之助をして標準時制定にあたった人とする記述をみるが、その事情は郁之助の「日本の地学経度」が説明している。

「日本の地学経度」は東京地学協会の例会で講演され、会誌（明治十八年一月号）に本文十六ページと世界地図一葉を添えて掲載された。報文は伊能忠敬の地図は京都を経度の零点としているが、それは今の時代にあわないという指摘で書き始めている。この時期は、先の明治十七年にワシントンで開かれた本初子午線及び計時法万国公会の決議をもとに、国内の法令の制定作業が行われていた。その技術的な検討が地理局でなされており、法令制定の根拠を説明したのが「日本の地学経度」である。歴史的経過の説明にづいて独自の観測成果を紹介して講演をまとめている。ここに地球上における日本の位置を、英国のグリニッチを起点にした経度の上におくことができるようになった。

日本の経度の測定は、古くから長崎に来航する西洋の艦船によって行われてきた。世界就航をしたロシアのクルーゼンシュテルンは、その一八〇〇年代初頭の旅行記（青地盈《みつる》訳、高橋景保《かげやす》校『奉使日本紀行』、昭和五十四年、叢文社）において、日本の経度の算定を一六一二年の月食時の測量結果にまでさかのぼっている。そこではマカオの経度が求められ、それを基点にして、長崎の経度が算出された。「日本の地学経度」は高橋景保が蘭書を読んで著わした『諳《あん》入《じゆ》利《り》亞《あ》曆考』を引用して、ロンドンと江戸の時差は、太陽平行によるものと、朔弦望《さくげんぼう》によるものとがあり、優劣は後者に分《ぶ》があるとしている。その値は、九時間十九分二〇秒で、これが軍艦操練所で用いていたピラールの航海術の教科書がいう数値と一致していることにおどろいている。

天主台の経度決定

当時、日本の経度決定の担当部局である地理局は、新しく経度の基準点を皇居内の天主台に移すことを太政大臣に上申している。その結果、明治十五年十二月二十七日付で内務卿告示が行われた。この天主台の経度は、明治七年の金星観測のおりに、米国の観測隊が長崎と東京観象台のあいだを電信によって求めた値を利用している。郁之助の説明では、この測量の技術的な詳細はわからないとしているが、各府県への告示では、英国のグリニッチと天主台の経度または時刻の差は、一三九度四五分四六秒または九時十九分三・〇九秒と書き添えられている。この仕事は、麻布飯倉から皇居までの測量が地理局の手になるものであった。

天主台の位置の経度が告示されたとはいえ、グリニッチから日本までの測定内容がはっきりしない借り物では、将来このままで利用するわけにはいくまいという判断があった。地理局では明治十五年一月から二年半にわたって、月距離法による観測、すなわち晴夜に月と恒星の南中《なんちゅう》を測定する観測をおこなった。二百七回おこない、天主台の経度として九時十九分二・五秒をえた。また、月星掩食《えんしょく》の観測を十七回も実施している。

これは九時十九分一・一二秒の値になった。ちなみに東京の緯度では、時間の一秒の違いは三百八十メートルの距離になる。

グリニッチから東京まで

この当時、測地に関係する事業は陸海軍と地理局で行われていたが、海軍省水路局の柳楢悦は、地理局の測量課を廃してその費用で海軍観象台を充実すべきであると海軍卿に上申しているのが明治十四年の事項にみられる（「水路部沿革史」、水路部編集発行）。しかし設備の上では地理局のものが優れており、技術も伴い、事業の実績もあがっていた。そのとき地理局では、明治十七年にさらに精度の高い経度の観測をおこなう用意がととのった。明治十四年に米国海軍が、グリニッチから横浜まで電信を利用した経度の測定をおこなった。これは、シベリヤ経路と地中海やインド洋の海底を通る電信経路を利用して、グリニッチに対するより精度の高い地方時を測定したものである。その成果を受けとった郁之助は、「本年その報告書成るをもつて、小生に送付せり」（「日本の地学経度」）と述べている。同じく海軍省水路局にも送付されたかどうかは定かでないが、この時期に、地理局測量課が対外的には経度の決定についての担当部局としてひろく認められていたのであろう。米国海軍が求めた経度は、横浜海軍病院の位置のものであった。地理局では、同病院内の石標から、同市大松久保に設けられた東京横浜間の電信経度測量点の間を三角測量によって結び、グリニッチから地理局の観測所のある皇居の天主台までの経度差を求めた。九時十九分〇・六六秒または一三九度四五分九・九秒であった。天主台からおおよそ五百メートルほど東にある気象庁では、現在、東経一三九度四六分の値が用いられている。

「日本の地学経度」の講演は、その終りで、「電信をもつて英国緑威《グリニッチ》と経度を聯結せんことは、本邦において特別に技手を派出し、多少の功力を費やすとも猶且希望する所なるに、今や坐から之を得たるは実に歓喜に堪えざる所なり」といっている。こうして、先のグリニッチと東京の時差、すなわちグリニッチを基点にした東京の経度が、途中の測定根拠も明らかにして、より正確に決定された。喜びの表現が少々大袈裟だが、これは組織の存続が取り沙汰されていたとき、世界の測地事業のなかに日本の窓口としての地位をえたことの喜びであろう。

七　標準時の制定

本初子午線及び計時の委員会

経緯度が正確に決まっても、各国の経度に共通の基線がないのは不便である。そのため、明治十七年にワシントンで本初子午線及び計時法万国公会が開催された。ここに本初子午線とは、経度零度の子午線のことをさしている。日本からの出席は、理科大学（後の東京大学）教授菊池大麓であった。帰国後、意見書のかたちで報告書が提出され、日本として実行すべき課題の検討が行われた。その委員会には、海軍、陸軍、理科大学（文部省）、地質調査所（農商務省）、逓信省と内務省の六省の代表が集まった。内務省はその委員に地理局次長荒井郁之助があたった。海軍省は当時の水路局中佐肝付兼行《きもつきかねゆき》（のち第二代水路部長）、理科大学は教授寺尾寿《ひさし》（のち東京天文台長）、逓信省は司検官矢田堀鴻《こう》であった。委員会の議長役は定められていなかったが、郁之助が勤めた。当時は地理局が観象と編暦の仕事をしていたので、独自に経度の測定値を求めていた地理局の代表が勤めることになったものと考えられる。

当時水路局は観象の業務を担当していたが、まだ経度の正確な決定までには至っていなかったのであろう。明治十九年に長崎から東京までの経度の測定をもとに海軍観象台の経度を決定するとき、明治七年の金星観測のときの外国観測隊の値、地理局の荒井・小林の求めた値、工部省時代のものと思われる小林・三浦の求めた値（横浜から東京）の三つの測定の平均値を採用しており（『日本地図測量小史』）、水路局独自で決定した値はもちいられていない。

万国公会

ワシントンの万国公会は、共通で単一の本初子午線を定め、それがグリニッチ天文台の子午儀の中点を経過することに合意がえられるかどうかが中心議題であった。そのほか、経度を二方向に起算し、東経を正、西経を負としたり、地方時を認め、世界標準時を定めるなどの議論が行われた。この会議には二十五カ国が集まり、ヨーロッパの先進二国の英仏が、国威をかけて、天文測地の基準を自国に招き入れようとして論争になった。結局は英国のグリニッチを経過する位置に本初子午線が決定したが、内情は国際的にメートル法を採用することでフランスが譲ることとなったとされている。ところで、日本の立場はといえば、それはどちらでもよいことであった。ただ、国内では処理しなければならないことが生じた。

地方時の制定

これまで京都時、東京時などの地方時が用いられていた。日本の地方時はどうあるべきか、改めて政府として態度を決定しなければならなかった。菊池大麓が提出した意見書は、日本の中央を通る百三十五度を選べば、世界標準時とちょうど九時間の違いとなり、各地の地方時との差が極端に大きくなるところもなく、よろしかろうとしている。意見書は委員会で審議され、政府から経度と標準時について公布の運びとなった。勅令は明治十九年七月十二日付で、三項からなっている。

一英国グリニッチ天文台子午儀ノ中心ヲ経過スル子午線ヲ以テ経度ノ本初子午線トス

一経度ハ本初子午線ヨリ起算シ東西各百八十度ニ至リ東経ヲ正トシ西経ヲ負トス

一明治二十一年一月一日ヨリ東経百三十五度ノ子午線ノ時ヲ以テ本邦一般ノ標準時ト定ム

古来、時は為政者が定めて民に知らせるものであった。かつてはその時間が日本だけに通用する地域的なものであったが、ここに初めて世界のなかの日本の地方時となった。

この勅令をよくみると、万国公会の結論に加えて、十五の倍数である百三十五という数値を決定しただけのことである。公会は、日本にとっては、英国とフランスが中心になった議論に大勢順応で対処すればすむことであった。日本の標準時の決定の功績を荒井郁之助とした記述をみることがあるのは、このような過程で勅令が公布されるなかで、地理局のみが三角測量の成果をあげており、精密な距離を測定して経度を決定することができたからであろう。勅令の内容だけならば、ただ机上の議論で決定できることであった。のちに郁之助の末子荒井陸男が父のことを、「播州赤穂の海上東経百三十五度あたりの点に、グリニッチ標準時を参考として太陽が直射するときをわが国の正午とすると定めたのも自分がやったのであるのに、自分の教えた菊池大麓を倫敦に行かして花を持たせたりして」と書いている（『海将荒井郁之助』）。ロンドンはワシントンの勘違いであるが、これは、身内が自嘲的に功績を述べたものと受け止めておけばよかろう。

八　日食観測の成功

北海道の礼文島には、「昭和二十三年五月九日　日食観測記念　日食委員会委員長萩原雄祐《ゆうすけ》」と記した碑があり、「当時新しい日本の歴史的大行事として日米共同の科学者千五百名により観測され広く世界の歴史に記され、以来天体科学の地となった場所でありますす」と説明文が添えられている。この観測事業は、第二次世界大戦で国際的に孤立していた日本の学界が、国際社会への復帰を祝うものであった。日食の観測に成功するということは、この時代はまだ記念すべき大事業であった。

観測日食碑

六十年さかのぼるともう一つ日食観測を記念した碑が残っている。新潟県三条市東大崎にある永明《ようめい》寺の裏山にある大山崎公園に、「観測日食碑　明治二十年九月　内務省地理局」と刻んだ碑で、説明文には、明治二十年八月十九日に日食があり、内務二等技師

観測日食碑

従五位荒井郁之助ほか二名が、内務大臣伯爵山県有朋閣下の命を受け、この地で観測をしたことを記念した石碑であると記されている。直径十メートルもある肩の高さの土盛りを築き、その上に石碑を立てた地元にたいして、「その労は泯《ほろび》ることはないことを付記する」（原漢文）と地理局が感謝の言葉を添えている。この事業について述べた『日食観測実記』によると、この観測に成功した郁之助は、地元有志と永明寺で祝宴を開き、席上、観測地に記念の石碑を建てることを促したと述べている。歴史的事業としての認識が高かったことがわかる。

三機関で日食観測

当時は三つの機関において天体の観測が行われていた。内務省地理局は、司天編暦の業務と測量のためにも天体観測をおこなっていた。そのため、旧江戸城跡に天文台が設けられていた。海軍省海軍水路部は、天象と気象の観測に麻布飯倉に観象台を設けていた。理科大学では本郷に観象台があったが、それを天象台と気象台に分け、前者を星学科の施設として運用していた。この三つの機関は、いずれも日食観測隊を送った。皆既日食が見えるのは佐渡島から南東に延びる線上にある地域だった。地理局は新潟に近い東大崎に、海軍水路部と理科大学は栃木県の白河に、また栃木県の黒磯では理科大学の星学科教授の寺尾寿が観測点を設けた。地理局のみは遠くはなれた新潟の地に観測点をおいた。

白河と黒磯の観測の不成功

三つの観測点のうち、白河にはいくつもの機関が観測施設を持ち込んだ。アメリカからは海軍観象台のトッドのほか東洋艦隊のモナカシー号からも専門家が派遣された。日本側は、海軍水路部、理科大学に加えて、参謀本部がこの地に出向いた。東京から多くの関係者が視察や見学に赴いている。警視総監の名前もみられるほか、菊池理科大学長、柳海軍水路部長、小菅参謀本部測量局長は、それぞれ観測実施機関の長である。当日は、十時頃までは快晴であったという。ところが、午後一時頃から空は曇って雷鳴が聞こえ、三時には太陽は雲間に現れてわずかに食が見えたとはいえ、まもなく雲に覆われた。白河の街中では、三時四十六分ころ三分間ほど食が見られたが、観測地の白河城址では太陽は雲に覆われたままであった。白河の日食観測は不成功に終わった。黒磯でも同じ結果であった。

地理局の観測の成功

地理局が観測点に選んだ新潟の東大崎の観測点も、両三日天気は定まらず、前夜は雷雨だったという。当日も快晴は望めそうになかったが、午後二時に太陽の周りは晴れ、天与の幸福と『日食観測実記』は述べている。郁之助のノートから食の経過を追うと、初虧《き》二時十八分二十七秒六、蝕既三時三十九分二十四秒七、生光三時四十二分三十七秒二、復円四時四十五分四十四秒と記録されている。

また、気象台のおこなった日食観測であるから、気温の観測も行われている。すでに食が始まった二時四十五分に三〇・五度、皆既食の頃の三時四十五分から五十分にかけては二五・六度まで下がり、食の終わった四時三十五分にはふたたび気温が上がって二七・八度となっている。白河と黒磯の観測の不成功とはちがって、東大崎の成功は天与の幸福であったかもしれないが、八月の関東北部近辺は、全国的にみて雷雨の多いところである。今からみれば、その地を天体観測の拠点としたことの不用意さが問題になるところである。地理局の観測報告によると、郁之助の判断で、わざわざ晴天を求めて新潟に観測点を選んだことが記されている。すでに全国に気象観測点を展開していた気象事業は、日食観測の地点の選択で適格な判断を下している。

コロナの写真を撮影

この観測で得られたコロナの写真三葉と説明文を収めた『皆既日食報告』は、各国の天文台に送られた。英国のグリニッチ天文台の月刊誌『The Observatory』は、翌年の三月号に、地理局の日食観測について十五行からなる小さな記事を載せている。その要旨は、「東京気象台のJarai（荒井）教授は、日本の越後のYomeiji-Yama（永明寺山）で三枚のコロナ写真を撮影した。この写真からみて、陰画は非常によく撮れているに違いない。先に本誌に掲載したハンドリコフ氏の図とよく符合する」と述べ、「詳細な特徴を読みたいが、日本語に通じないのが致命的である」と締めくくっている。教授とあるのは気象台や天文台の長を呼ぶときの慣わしである。また、ここにハンドリコフ氏云々とあるのは、同じ日にキエフ天文台がおこなった日食観測のロシア語による報告がドイツ語に訳され、グリニッチに届いて英文の記事になったものである。その報告書のコロナは手書きの図であった。

グリニッチ天文台が世界中から天文観測情報を収集した一つが地理局のものであった。日本語の説明では報文の解読ができなかったグリニッチ天文台は、追って問い合わせをし、その返信を、「一八八七年八月十九日の皆既日食」の表題で王立天文台の紀要に掲載した。この報文は、明治二十一年四月三十日と同年九月二十二日の日付の東京気象台長J. Arai教授の手紙の抜粋として扱われている。内容は、観測機器の仕様や写真の図柄の専門的な説明で、観測報告の概要となるべき内容である。コロナの写真も一枚添えられ、東京気象台長 I. Arai のもとで M. Sugiyama が撮ったと説明書きがある。ローマ字で書かれた荒井郁之助の名前は、出るたびにわずかに綴りが違っている。これは、IやJの文字の間違いであるところから、肉筆の英文を判読したものと思われる。

天文観測事業の移管

日食があったのは明治二十年八月で、いくつもの省がその観測にあたった。しかし、翌年六月には、天象観測と編暦事業を統合して文部省の管轄とし、海軍観象台の地に東京天文台を設けて理科大学の所属として、そこで天象観測と編暦事業を実施する閣議決定がなされた。ここに、地理局と海軍水路部は天文観測から手を引くことになった。地理局のみが唯一成功した皆既日食の観測成果は、日本では天文関係の専門誌に掲載されることはなかった。日本天文学会の創設は、実に明治四十一年である。

九　気象の事業と学会の創設

外国人による日本での気象観測

植民地政策は現地の気象に興味を示すもので、江戸時代末期から、日本においても西欧の在留外国人の手によって気象観測が行われていた。長崎出島では海軍軍医ポンペが、函館では医師アルブレヒトが、また横浜では医師で宣教師のヘボンが記録を残している。維新になると、お雇い外国人の観測記録がある。大阪ではハラタマが、東京ではクニッピングがおこなっている。これらの在留外国人は、いずれも気象の専門家ではなく、また、公的機関の義務を負った立場にもなかった。しかしこの人たちは、成果を本国に書き送ったり、外国語新聞に発表したりしている。ヘボンは、一八六三年から六九年の成果を英字新聞『ジャパン・ウィークリー・メール』に寄稿している。地理局のお雇い外国人ジョイネルは、それを本国の雑誌『Meteorological Magazine』に投稿している。日本では、国の気象事業がはじまるまえから、気象観測は、むしろ西欧諸国がそれを求めていた。

気象観測事業の創設

わが国の気象観測事業は、明治八年に内務省地理寮のお雇いであった英国人マクビンの発議によって、量地課のなかに気象掛をおき、東京赤坂区葵町三番地で開始されたと郁之助が「本邦測候沿革史」に書き残している。担当は英国人ジョイネルで、気象局職員三名がその実務にあたった。同年六月から定時の観測を始めて、以後休まず継続してきたと述べられている。

郁之助が地理局に出仕してから、全国的に測候所の整備が急速に進められた。「本邦測候沿革史」は当時の状況を、「明治十年ノ末ニ於テ五六ノ地方ニ測候所ヲ置カンコトヲ乞ヒタリシニ許可ヲ得テ……当時地理局長タリシ桜井勉氏ノ厚ク各県令ニ勧告サレタルノ結果ト言フモ不可ナキナリ」として、測候所の展開について地理局長桜井勉の功を賛えている。一方、桜井は、のちに明治二十一年に気象協議会の席で挨拶をして、「荒井、小林氏トイロイロ相談ヲシ、……小林技師ノ発言デ気象ノコトモイロイロ相談ヲナシ、ツマリ測候所ヲ増加シ漸次天気予報暴風警報等ヲ発スルヤウニシタイト進路ヲ決シ、大久保内務卿ニ具申シマシタ」と述べている。小林は、のちに郁之助についで第二代の中央気象台長を勤めた人である。この挨拶から判断すれば、測候所の全国的展開は、郁之助が地理局に加わったころ、時の地理局の幹部の協力のもとに組織として実現したものと考えておけばよい。

クニッピングの建策

日本で初期の気象観測をおこなってきたクニッピングは、来日前はプロシャの航海士であった。当初は、開成学校でドイツ語の教師を勤めていた。その後、内務省逓信局に雇い替えになり、その間に台風に関する報告書を著わすなどして、気象事業の必要性を説いてきた人である。ふたたび「本邦測候沿革史」によると、「独逸人クニッピング氏ハ気象学ニ篤志ノ人ナリシカ、天気予報暴風警報事業ノ今世ニ必要ナルヲ建言シタリシニ、大政府コレヲ嘉納シ、遂ニ明治十五年一月氏ヲ地理局ニ傭入シ嘱スルニ、天気予報暴風警報ノコトヲ以テス」と、クニッピング雇い入れの事情を説明している。クニッピングの建策は政府を動かし、郁之助のもとでクニッピングは気象事業の生みの親として仕事をなしとげた。地理局測量課にあっては、三角測量と気象測量をいずれもその事業内容に含んでおり、郁之助が直接手を下したのは前者の事業のほうであった。先に示した桜井の挨拶や「中央気象台沿革」（『気象集誌』）にも、荒井郁之助と天気予報暴風警報の創設については、特別のことは書かれていない。碑文は、「尋《つ》いで中央気象台長に遷り、並びて功績あり」と内容にはふれていない。

気象学会の創設

各種学会の創設、測候所の展開、天気予報暴風警報の開始など、ようやく気象関係でも学会創設の機運が芽生えてきた。当時地理局測量課には、気象担当の中堅技師正戸《まさと》豹之助《ひょうのすけ》を中心にした研究会があった。それを母体にして、明治十五年五月に全国組織の東京気象学会が結成され、学会誌『気象集誌』が創刊された。当時の会員は三十八名で、正戸豹之助が会長を勤めた。会の事務は役員の自宅で行われる、いわば手弁当による同好会的な集まりであった。それでも、発足後しだいに会員が加わり、同年の暮には六十名に達した。しかし、この同好会的学会は、いささか創立を急ぎ過ぎていた。公務多忙で会長が欠員になったり、会則のことで議事が紛糾するなど、運営は困難であった。会合を重ねたすえ、ようやく翌年の一月に新会則がまとまり、会長荒井郁之助、幹事正戸豹之助、そのほかの役員が選出され、会の再編成が計られた。

新会則は、「気象学並ビニソレニ関スル事実原因ヲ講究経験、併セテ該学ノ拡張ヲ目的トスル」と述べられている。しかし、依然として同好会的な集まりの域を出ず、毎月一号の会誌の発刊も途切れることがあった。それでも地理局幹部職員が会員に加入した効果はあって、少々場違いな内容だが、毎月の地震報告が定期的に掲載されるような前進はあった。明治十七年の暮の例会では、役員のほかに名誉会長をおくことを決議し、箱館戦争のとき新政府軍の陸軍参謀を勤め、当時参議兼内務卿の職にあった山田顕義《あきよし》にそれを依頼した。およそ気象学には縁遠い人だが、顕官に名誉職を依頼する当時の習慣によったものである。

しかし、会員募集や規約改正などの努力にもかかわらず、学会の運営はなお低迷をつづけた。学会誌『気象集誌』は、明治十七年に発行月不明の一号を出したところで休刊となった。これまで、郁之助の会誌への投稿はなく、名誉会長就任を山田顕義に依頼したことを除いて、郁之助の東京気象学会に対する実質的な貢献はない。学会の方も、機の熟すまでは進展はなかった。

全国に測候所を配置

気象学会の活動が成り立つには、まず地理局の気象事業の確立が先決であった。それは、このころようやく整いつつあった。もう一度「本邦測候沿革史」をみると、「是ニ由テ暴風警報天気予報ノ如キモ大ニ世人ノ信用ヲ増シ……殊ニ明治二十年八月三日勅令ヲ以テ気象台測候所条例ヲ公布サレ……内務大臣ハ各地方ニ就キテ五十一ケ所ノ測候所ヲ設クルノ企画ヲナシ、其位置ヲ示サレタリ」とある。全国に測候所が配置され、そこで観測された気象資料がそのつど入手できるようになって、気象事業の骨格ができあがった。気象事業をぬきにして、気象学会の活動だけが先行することはむずかしかった。ようやく気象事業がととのい始めたところで、同学会は再興の機会を迎えた。

大日本気象学会の発足

明治二十一年一月に旧役員が集まり、会名も大日本気象学会と改めて広く会員を募集し、五月には地学協会会堂で第一回総会を開いた。会頭山田顕義、幹事長荒井郁之助などの役員が選ばれた。明治十七年以来発行を中断していた『気象集誌』は再刊され、同年七月号を第七年第一号として、以後、月一号の発行がつづけられた。郁之助の投稿による「本邦測候沿革史」は、第七年第一号の記事である。

十　再刊『気象集誌』

『気象集誌』の再刊

再刊された機関誌『気象集誌』は、気象台の月報告とでもいうべき資料「東京毎時気象観測平均表」などを盛り込んで紙面を埋めていた。月々の統計資料四編が一号の半分以上を占めていた。クニッピングの台風論や他の会員の寄稿はあったが、定期的な統計資料でもって定期刊行物としての体裁を保っていたのが実情であった。学会の幹事長郁之助は、再刊後の数年、会誌に応用気象の立場から記事を寄せて刊行に努めた。

「本邦測候沿革史」は会誌の再刊を飾る記事であった。そこで郁之助は、日本人が初めて気象観測を教わったのは長崎海軍伝習所であるといっている。練習船観光丸には、水銀気圧計、空盒《くうごう》気圧計、寒暖計、乾湿計が備え付けてあり、定められた書式にしたがってその結果を記帳することを知ったのである。つづいて、開拓使と内務省地理寮で気象観測が行われ、気象事業が整備されてきた経過を解説している。地理局次長という職務柄、気象事業の歴史をまとめておく立場にあったとの認識から、この一文をまとめたのであろう。

応用気象学の解説を寄稿

明治二十一年から二十二年にかけては、四編の報文を寄稿している。「気象ト衛生ノ関係」、「人ノ健康ハ寒サニ逢フテ如何」、「海上危険ノ時油ヲ撒スルノ説」、「馬鈴薯病」で、外国の文献から得た知識をもとに応用気象学の解説を試みたものである。東京地学協会の機関誌に発表した論文とちがい、これらの四編は、ややにわかづくりの解説記事の域をでない。気象学の応用の可能性を宣伝した記事とみるのが順当である。

しかし、百年の昔の論文を評価するときは、当時の社会情勢にたって物事をみなければならない。「気象ト衛生ノ関係」では、水と空気の人体とのかかわりを述べている。空気の認識は、水蒸気は別にして、窒素、酸素、炭酸（二酸化炭素のこと）の三要素だけの認識で、かつて、『中外工業新報』に観測値として提供していたオゾンはでてこない。ただ、大気中の微量な成分として、塵埃や火山灰のほか、中国から長崎に飛来した塵霧（黄砂のこと）のことを述べている。大気の微量成分についてすでに注目していたことは評価されてよかろう。

「人ノ健康ハ寒サニ逢フテ如何」では、一八八一年にイラ号で北極地方の遠征に出た英国の探検隊が北緯八十度の厳寒の地で遭難し、その後長期間、現地で生存して生還したことを述べたものである。当時は、表題の設問に気象学の専門家としての立場から答えることが社会的に必要であったことが問題意識にある。ただ、平地と高山の気温差を説明して、水蒸気による日射の吸収効果が少ないからだというのは、物理学や気象学の理解がやや不足している。お雇い外国人クニッピングが残した小冊子をもとにまとめた「海上危険ノ時油ヲ撒スルノ説」は、かつての航海家荒井郁之助にはふさわしい内容だが、まさかと思われる航海術の紹介である。帆船時代もようやく終わろうとしていたが、かつて海上に油を撒き、波浪の飛沫が船内に飛散する危険を押さえる技術が奨励されていた。欧米の保険会社は、この説を実行するために、油嚢を備えた船舶に保険料の減額をしていたことを補足的に述べている。「馬鈴薯病」は、天候不順と病原菌の空気伝染を気象と関係づけたものである。

これらの論文からは、いずれも創意創作は読みとれない。郁之助は、これまで測量技術については、場合によってはお雇い外国人をしのぐほどの技術をみせてきたが、気象学に深い理解をしめした形跡はみられない。これは、気象学自身の未熟さが第一の原因であるが、その理解にさほど力をいれていなかったらしい。山岳の気温の低いことを、気体の断熱膨張で説明する記述がないままで終わっているところをみると、数学は高い水準に達していたが、物理学はさほど身につけていなかったのかもしれない。

洪水警報と雨量観測の論説

この四編につづいて、「洪水警報の必要」と「雨量観測の必要」の二編の論説を、明治二十二年から二十三年にかけて発表している。これは、二十二年に、四国や近畿地方で大災害をもたらした水害が契機になっている。奈良県十津川《とつかわ》村で大規模な地滑りがおこり、多くの受災者が北海道に移住して、新十津川村の開基となったことはよく知られている。これまで地理局がおこなってきた気象警報は、主に海上交通の安全のためのものであった。「洪水警報の必要」の論旨は、雨量の観測点を配置することによって、河川の洪水予報が可能であることを解いて、その事業の必要性を述べ、河川の管理には水理学と気象学をともに応用すべきであるという主張であった。しかしこの主張が実を結ぶには、以後長い年月がかかっている。

退官

郁之助はこれだけの書き物を『気象集誌』に寄稿して、次の年には地理局を退官することになる。まだしばらくは、大日本気象学会の幹事長の仕事はつづけるが、現役としての活躍はここで終わった。『気象集誌』発刊の責任者として、五十歳になってにわかに気象学について外国の文献に目をとおし、いくつかの論文を寄稿するように努めた。四編の論文の寄稿は、次の世代に『気象集誌』を手渡すまでのつなぎの努力であったと評価しておくのがよかろう。

第八　官職を退いて

一　地理局を勇退

中央気象台の設置

地理局の三角測量部門が陸軍省参謀本部へ統合されたのが明治十七年、天文観測の文部省への一元化が明治二十一年である。またこの年には海軍水路部の気象業務は地理局に移された。地理局の技術部門はいよいよ気象のみに絞られ、地理局の存続はおぼつかなくなった。内務省では、明治二十三年三月には官制改正案をねり、地理局は廃止されても中央気象台の設置にこぎつけようと計画していた。結果は、同年八月に、当面地理局は存続し、中央気象台の設置をみることになった。初代中央気象台長は、組織の改正で地理局次長からいったん観測課長の職にあった郁之助が就いた。創設時の中央気象台の業務内容は、気象観測、気象の予報警報、地震観測、地磁気観測、空中電気観測などであった。この時期の「荒井君碑」の説明は、地理局の三角測量創始につづいて、「尋《つ》いで中央気象台長に遷り、並びて功績あり」と簡潔である。

勇退と地理局廃止

翌明治二十四年三月三十一日に郁之助は中央気象台長を勇退し、小林一知《かずとも》がその後を継いだ。官制が整ってから郁之助が中央気象台に在籍したのは、わずかに一年であった。同年七月には地理局は廃止され、ついで中央気象台は明治二十六年十月三十日をもって文部省に移管された。郁之助の後半生は、しだいに先細っていく内務省地理局と共に歩いている。その間、特に天文測地に力を発揮してきたが、地理局を退くときは気象の専門家という立場にあった。五十五歳の退官で、後任の小林一知や箱館戦争時の同僚榎本武揚に比べて、いささか早かった。

郁之助の五十代半ばの勇退にはいくつかの理由が考えられる。当時政府は財政難に苦しんでおり、各省の組織の整理統合はもとより、機構の縮小、予算の削減が毎年のように行われていた。明治十九年度の内務省予算は、三分の一に縮小されたという。翌年にも若干の減額をよぎなくされ、内務省直轄の各地の測候所も、これに伴い地方移管の措置がとられた。二十一年度には、さらに一割の予算が削減されている。二十三年度には再度の官制の改正があり、予算は一割の削減が行われている。ここに発足したばかりの中央気象台の定員も、当初の二十五人から、翌年は十七人に、さらに二年後には十四人となった。福永恭助氏の説明を借りると、このような時期にあって、「政府は財政緊縮のため官吏の大淘汰を断行したが、そのとき高給をはむ者には政府も思い切って大鉈をふるわなかったので、荒井は率先して辞職を願い出て、政府の方針に殉じたのである」という。

この時点の中央気象台の陣容は、質の上では整ってきたところであった。実務にかけては、わが国の気象観測の生みの親ジョイネルから気象伝習生として教えを受けた正戸豹之助らがおり、明治十二年に東京大学の仏語物理学科を卒業した中村精男《きよお》と和田雄治《ゆうじ》がいた。二人はそれぞれ、すでにドイツとフランスで気象学を修めていた。これだけの職員をかかえていれば、技術的には郁之助の力をはるかに越えた陣容である。再度福永氏の説明を借りると、気象台長時代は、「至極結構」と呼ばれたほどに、部下の立案には修正を加えることもなく職務をおこなっていたというが、これは本人の性格でもあり、組織の人的構成が整っていたからでもあろう。勇退の潮時であった。

さらに、地理局には、創設時から測量事業に携わり、気象事業の基本計画の策定にあたってきた小林一知がいた。郁之助の再出仕のおりには測量課長の席を譲り、その後、つねに郁之助の一歩後の職を勤めてきた。二人は、叙位がそれぞれ正五位と正六位であり、これが地理局の職務の地位の差になったのであろう。またこれは、旧幕府の海軍時代の地位の上下でもある。年齢は一知が一歳ほど上であった。郁之助は、一知から譲り受けたこの測量課長の椅子に、大きな借りを感じていたに違いない。五十五歳での勇退は、気象事業計画の提案者である小林一知に椅子を譲るための策であったとも思われる。そののち一知は、第二代中央気象台長を四年数カ月勤めて勇退した。

学会幹事長辞任

　一方、大日本気象学会の幹事長のほうは、翌二十五年の暮に任期が満了したところで、その役を退いている。また、その年の総会を迎えたころ、ちょうど初代会頭の山田顕義が没したので、旧幕府時代の盟友で、当時外務大臣を辞任して枢密顧問官を勤めていた榎本武揚に第二代会頭を依頼した。榎本は、オランダの海軍兵学校で船舶の機械について学び、かたわら化学や国際法なども身につけていた。気象学こそ修めてはいなかったが、西欧の科学技術教育を受けてきた異色の政府高官であった。たとえ名誉職とはいえ、時の有力者であり、かつ適任者を学会に招き入れたことは、郁之助の気象学会における功績であろう。榎本はその後、生涯会頭の椅子にあり、総会にはしばしば出席した。

二　気球と伝書鳩

『鴿たより風船はなし』

官職を後任に譲り、学会の代表を退いて、しかしまだ、活動意欲は衰えていなかったようである。翌々年の明治二十六年五月には一冊の本を出版した。『鴿《はと》たより風船はなし』とくだけた表題をつけて、題字は漢字と万葉仮名を筆書きにした七十四ページの本で、伝書鳩と気球の利用法を解説したものである。題字の下には通信文を運ぶ鳩の絵が添えられており、所属を離れた自由さが感じられる粋な装訂の小冊子である。

じつはこの本の執筆者は、奥付では「著作者荒井第二郎」となっているが、文中には「城山居士編纂」と書かれている。慶応元年（一八六五）生まれの次男荒井第二郎の二十八歳の時の著作というわけで、城山居士、すなわち荒井郁之助は編さん者となっている。このことについては、父郁之助を回想した荒井陸男が、「風船を飛ばしてみたりして、明治十二、三年頃に、『鳩便り風船の話』と云う……、つまり今で云う航空の話の本を、英和辞書を出版させたことのある、日本橋の小林と云う本屋から出版した」と書き残している。現在みることができる本の表題は『鴿たより風船はなし』となっており、その

城山居士

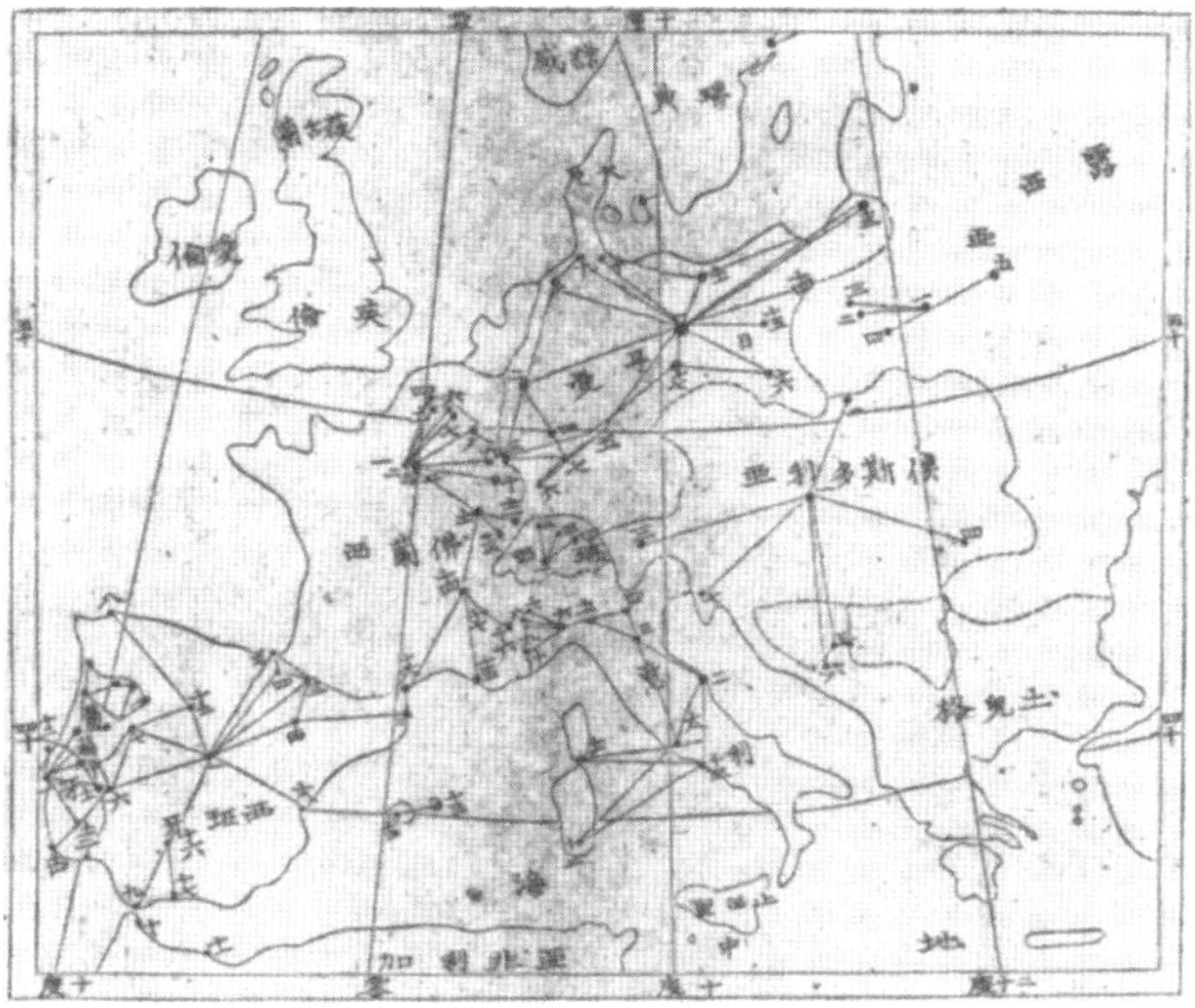

欧州の伝書鳩通信網（『鴿たより風船はなし』より）

出版年月は明治二十六年五月、そして出版社名は恵愛堂で、陸男の話といずれも一致しない。しかし、その回想文は内容の仔細に拘泥しない書きぶりであることをおもえば、恵愛堂発行の本のことであるとみてよかろう。

　ところで、編さん者の城山居士であるが、当時郁之助は東京芝区西久保城山町、今の港区虎ノ門四丁目に住んでいた。自分を住居の地名にちなんで城山と名乗り、すでに官職を退いたので、戯れに居士と呼んでいる。城山居士は、すなわち勇退後の荒井郁之助である。

一方、本の構成で、一人の編さん者がいて別に一人の著者がいるのも珍しい。

鴿の項にも風船の項にも、それぞれ編さん者名が書かれており、最後に奥付のところに著作者名が出てくる。これでは、両者の仕事の分担がどうなっているのか見当がつかない。謙遜家荒井郁之助の流儀に従えば、悠々自適の身分で科学書を世に出すには、照れ隠しの一つも必要であったのではなかろうか。元来郁之助は、酒席を好まず、講演をすれば極めて訥弁で、戸籍には士族と書いてしかるべきところを平民と届け出たり、また仕事では、部下の立案に、しばしば「至極結構」のせりふで応対していたというから、何事も表にたつことを好まない性格の持ち主であったろう。むしろこれは、出獄以後、第二の人生で実践してきた処世訓のあらわれともおもえる。ここは陸男の回想を受け入れて、この本は隠れ蓑を着た郁之助の著作とみてよかろう。

陸海軍の伝書鳩の研究

著書の題名にある鳩たよりは、すなわち伝書鳩による通信で、風船は飛行と上空の気象観測の手段として述べている。なぜこの時期に、鳩であり風船だったのだろうか。当時海軍では、明治二十七年に横須賀鎮守府内に鳩舎を建てて伝書鳩の研究を始めていた。日清戦争時には欧米から鳩を輸入し、佐世保と対馬のあいだで試験をおこなっている。しかし、これは経験不足のため不成功に終わった。その後は電信の発達で、海軍の伝書鳩の研究は明治三十八年で打ち切られた。陸軍でも同じように伝書鳩の研究が行われた。

福永恭助氏によれば、郁之助の伝書鳩研究はこの本をもって陸軍に紹介されたが、首脳部の反応は否定的であったという。とはいえ、陸軍では伝書鳩の研究を始めている。明治三十二年には中国方面より鳩を輸入し、またドイツより三百羽、ベルギーより百五十羽を輸入して、実用に向けて飼育が進められた。しかしここでも、明治四十二年でもって研究は中止された。陸軍ではこの後また、近代通信設備のない状況を想定して伝書鳩の利用を再考し、フランスから教官と共に一千羽の鳩を輸入した。軍用鳩調査会が組織されて、伝書鳩の研究が復活している。

郁之助の伝書鳩にたいする興味は、江戸湾脱出から宮古湾海戦や箱館戦争の苦い経験から、軍事における連絡手段の重要性を痛感したところからきたものと思われる。艦船同士の連絡や陸上と船との連絡がとれていれば、維新当時の一連の戦局は違った結果になったのでは、という思いが感じられる。

上空の気象観測の必要

一方、気球によって空高く昇ること、上空のことを知ることは、古来、人類の夢であり願いであった。気象学では実用の立場からその要望がつよかった。郁之助が大日本気象学会の幹事長辞任の挨拶をしたとき、将来の気象事業について二つの要望を残している。一つは、まもなく始められる高層大気の運動を観測する「万国共同測量計画」への日本の参加である。これは雲の動きを国際的に共同して観測しようとしたものである。もう一つは、高山気象台の建設を実現したいという要望である。いずれも上空の気象状態を知るための手段である。気球もしくは風船のことは、これからの気象観測の課題を抱えていた中央気象台にとっては、重要な研究対象であった。『鴿たより風船はなし』は、船団指揮の経験と気象事業の要求から、伝書鳩と気球の利用について欧米の文献に目を通した知識をもとに書かれたものである。

伝書鳩と気球の総合報告

この著書は、装訂と書名から洒落た本という印象がつよく、外観から判断すれば、学術的な著作とはうけとめがたいが、内容は伝書鳩と気球利用の歴史を科学の立場から説いて、総合報告になっている。鳩の項では、欧州各国の伝書鳩の利用状況が述べられている。たとえばフランスでは、普仏戦争のとき気球に鳩を乗せてパリーの囲みの外に送り、その鳩が遠くからパリーに通信文を持ち帰った話が紹介されている。またスペインの軍事通信の鳩の利用を紹介するなど、現状の解説に詳しい。

風船についての記述はさらに詳しい。気球の歴史を概観できる内容である。まず、ギリシャ神話では、羽をもって空を駆ける話はあるが、気球による浮遊が想定されていないことを指摘し、浮力の認識の歴史をたどって話を展開している。気球の浮遊に初めて成功したのは、一七八三年にフランスのアノネーにおける実験で、紙で作った熱気球が二千尺の高度まで昇った記録があることを紹介している。一番新しい出来事では、一八八九年（明治二十二年）に大西洋まで流された事故について述べているので、本書の出版年からみて最新の情報に通じていたことがわかる。最後に、当時のヨーロッパの伝書鳩通信網を描いた地図を載せている。英国を除いたほぼヨーロッパ全域を覆っているが、経度零度がパリーを通っていることから、フランスの文献から知識を得たのであろう。

ところで、郁之助はフランス語にも通じていたのだろうか。「手記」では、太田村陣屋の仏蘭西伝習のときフランス語を学んだとは書いていない。しかし、この本をみると、オランダ語、英語についでフランス語も、実用になる程度には身につけていたのではないかと思わせる。ただし、文中、フランス語の人名が英語読みされているところから、その習熟度はさほどでもなかったろう。

時期尚早な学術報告

当時のヨーロッパでは、気球の歴史はすでに百年を越えていた。気象に気球観測が導入され始めたのはこの時期で、一八九二年（明治二十五年）にはドイツ気象学会で測風気球のことが論じられ、翌年、探測気球観測で十六キロの高度の気象観測に成功している。しかし、日本における気球の利用はまだ時間が必要であった。陸軍が中野の電信隊に気球隊を置いたのが明治四十年である。同四十二年になると、臨時軍用気球研究会が設立され、中央気象台長中村精男《きよお》が委員に加わっている。そして、ようやくその翌年になって、もっぱら気球による気象観測を専門とする高層気象観測所の設立が建議された。日本では、気象観測用も軍用も、この著書が出版されたころは、まだ実用にはほどとおい状態であった。城山居士編さんのこの本が学術図書の形態で出版されず、いささか洒落た本の体裁をとったのは、気球の利用はまだ海のものとも山のものともわからない技術で、時期尚早との声を予想してのことではなかろうか。内容は、学術的な総合報告である。

三　造船事業の創設

浦賀の招魂碑

東京湾の入口に近い横須賀や浦賀の沿岸は、古くから港湾施設がおかれたところである。なかでも浦賀は岬と入江が複雑な地形をしており、小規模な港湾施設には適している。岬の愛宕山《あたご》には、入江にある造船所を見下ろす山肌に、背丈の三倍ほどの碑がある。「中島三郎助《さぶろうすけ》君招魂碑」で、明治二十四年五月に建てられた。この中島三郎助は、長崎海軍伝習所に学び、郁之助とは軍艦操練所でともに教授職を勤めた人で、ペリー来航のおりは浦賀奉行の与力として折衝の任にあたった。箱館戦争にあっては千代ケ台の砦を守り、みずからの二子とともに討死した。この碑は、中島三郎助の二十三回忌を記念して建てられた。榎本武揚の篆額《てんがく》で、撰には郁之助の義弟田辺太一《やすかず》があたっている。

碑の除幕式には、箱館戦争を生き抜いた一人として郁之助も列席した。あるいはこの碑の建立を計画したときは、箱館戦争をともに戦った人たちは連名で発起人であったかもしれない。しかし、この場は新政府の最高位の地位に昇った榎本武揚のみが代表して名をとどめている。この時期の榎本は目まぐるしく職務を変わっている。農商務大臣のあと文部大臣を勤めてそれを辞任し、枢密顧問官から新たに外務大臣の任命を受けるころであった。この除幕式に列席した郁之助は、浦賀の入江を見下ろし、ここに造船所を建設してはどうかと榎本にもちかけたという。この話は実行にうつされ、浦賀船渠《せんきょ》という造船所が建設されることとなった。

当時の日本の船舶事情は、明治二十七、八年の日清戦争のときを境に大きく発展した。この時期に政府は御用船の徴発をおこない、国内では海上輸送がほとんど途絶える状況にあった。そのため百隻近い外国船が購入され、日本は一躍世界的規模の船舶保有国となった。そこで不足するのは、船体修理のためのドックである。浦賀船渠の創設は時宜をえていた。

ドックの創設

地理局を退官した郁之助は、さっそく浦賀船渠創設の準備をはじめた。勇退はしたが、当時の楽隠居ではなかった。創設準備には、資金の調達、用地の買収、技術者の雇用などに五年の年月を費やし、明治二十九年にいちおう浦賀船渠株式会社（現住友重機株式会社追浜造船所浦賀工場）として組織が整った。社史によれば、榎本武揚らの主唱により発足したとある。主唱者には荒井郁之助のほか、逓信省管船局長を退いて社長におさまる塚原周造《しゅうぞう》の名も揚げられている。役員は、現職の榎本を除いた主唱者たちで、地元の富豪臼井儀兵衛《うすいぎへえ》らが加わっている。

荒井陸男の小文も浦賀船渠の創設時のことを述べている。「浦賀ドックはボーケルという独逸人を連れてきて自分で測量し、初めから全く自分一人で造り上げた様なものであるが、初めは合名会社で後に株式会社となり、しばらく重役をしていただけで、自分の名誉などは爪の垢ほどもなかった」とある。多少はみびいきのところもあるが、ボーケルの力は見落とせない。

事業創始の主唱者たち

また、主唱者の一人塚原の伝記も船渠事業創設について述べている。「君は、この船渠事業と造船事業とは、国家的の必要事業として深く考慮してゐたから、退官後直ちに緒明菊三郎《おあききくさぶろう》氏や榎本武揚氏等と共同して相州浦賀の内港に新たに船渠を掘鑿《くっさく》せんと企て、君自ら社長となり、……の諸氏が取締となり」（『塚原夢舟翁』、大正十四年、非売品）と書かれているが、郁之助の名はでてこない。伝記は一般に当人が表に出て、周辺の人の業績は過小評価を受けやすい。ここでは、榎本、塚原、荒井の主唱に地元の賛同者が加わったと受けとめておけばよかろう。この時期の事績を碑文でみると、「二十四年官を辞し、海軍中将榎本武揚と計りて浦賀船渠を設く。君親しく役を督す」とあり、榎本と郁之助の仕事となっている。文体を飾って書けばこのようになる。

創設準備に奔走

とはいえ、ドック創業にこぎつけるまでには、榎本は現役の行政家であり、塚原もまだ最初は役所勤めをつづけていたので、準備に奔走したのは郁之助をおいてはなかったろう。用地の測量から港湾建設の実務、外国人技術者の雇用など、かつての経験を活かしたものと思われる。年月は不明だが、供を連れて浦賀の地の下見に行き、その時の様子を榎本に報告した手紙が残っている（国立国会図書館憲政資料室蔵）。浦賀の街からゆっくり歩いて十五分のところにあり、牡蠣の養殖に適した入江で、百石から三百石の船なら潮時をみて出入りができるだろうといっている。現地調査をしたところ、ドック建設の適地であることが確認されたという手紙である。

敷地の用意にも奔走している。この地は東京湾の入口にあたり軍用地が多い。陸軍要塞砲兵幹部練習所敷地は、榎本の口添えもあって明治二十九年に払い下げの許可をえている。荒井・塚原の連名で提出した海軍省用地の払い下げ願いは許可をえていない。その後の軍用地横須賀の発展を思えば、これは難しい提案であった。困難ながらも民有地の買収は進んで、五年の歳月を費やして船渠会社の創設となった。塚原は、いわば監督官庁からの天下り社長に治まったのである。荒井陸男のいう、まったく自分一人で造り上げたような会社というのは、このような経過をいったものである。

明治三十年十月になると、郁之助は浦賀から東京詰になったとの記録がある。すなわち、それまでの何年かは浦賀に居をかまえて仕事をしていた。その浦賀より、東京在住の義弟安藤太郎に宛てて年始の挨拶状を送り、

わかがへるここちはすれどことしはや六十路の坂を越にけるかな

と歌を添えている（青山学院資料センター蔵）。船渠会社設立の前年の明治二十八年の正月に詠んだものと思われる。若返る心地がするくらいに創設の実務に奔走したのであろう。

創設後、浦賀船渠は順調に業績を上げ、国内の工事用運搬船を四隻建造したところで、

若返る心地はすれど…

明治三十五年には、フィリピンの砲艦五隻の受注のうち、最初の一隻排水トン三百五十の木鉄交造船ロンブロン号を輸出している。この年に郁之助は現役を退いた。

四　回天丸の思い出

戊辰戦争を生き抜いた旧幕府の人たちには、維新を境に早々と引退した人もいれば、薩長中心の新政府にあって貴重な人材として活躍した人もいる。しかし明治も三十年になると、いずれの人もいよいよ老年を迎えた。旧幕府時代のことは今をおいては、語り継ぐ人はなくなるというわけで、旧幕臣が昔を語る「旧幕府史談会」という集まりがはじまった。雑誌『旧幕府』を発行して回顧談が掲載された。この雑誌の創刊時に編集世話人を引受けた戸川安宅《やすいえ》（残花《ざんか》）は、木村芥舟《かいしゅう》、勝海舟、榎本武揚、大鳥圭介の他、栗本鋤雲《じょうん》（元軍艦奉行、外国奉行）、向山黄村《むこうやまこうそん》（元外国奉行、若年寄）、杉浦梅潭《ばいたん》（元箱館奉行）、田辺太一（元外国方）に『旧幕府』刊行の趣意を計っている。旧幕府末期の幹部の職にあった人を集めて、いわば編集顧問を依頼したということになろう。元海軍奉行荒井郁之助よりは多少年配格の人を集めている。『旧幕府』は明治三十年四月に第一巻第一号が発刊

雑誌『旧幕府』

され、五年ほど休まず刊行をつづけた。

この時代になると、戊辰戦争の直接の関係者のうち世を去った人も多く、当時のことはしだいに歴史上の出来事として受け止められるようになってきた。しかし、旧幕府関係者で、政治組織の崩壊や戊辰戦争の敗北を、回顧録などにして公表できる人は多くはない。書き物として公表するということは、社会がそれを迎えてくれなければならない。しょせん、当時のことは身の内に収めておくことになる。しかし、時には例外もある。勝海舟のように、幕府の崩壊処理にみごとな手腕を発揮して名を成した人は談話集が公表されて、それが好評をうることになる。幕末に開陽丸受け取りのため榎本武揚らとオランダに留学した赤松則良《のりよし》の場合も、帰国後、戊辰の戦に参加がかなわなかったことが幸いして、比較的順調な後半生を送ることができた。『赤松則良半生談』は、晩年の談話をもとに一冊の本として公表された。

こうした記録を残すわけにはいかない人も、あるいは史談会で話し、また『旧幕府』に掲載されるのであれば、胸の内を語り、当時の書き付けを整理して遺しておこうということになる。そのような史談を本書の関係者にみると、大鳥圭介には辰之口の獄中日記をつづった「南柯紀行」(第一巻第九号、第二巻第二号)が、沢太郎左衛門には開陽丸艦長としての「幕府軍艦開陽丸の終始」（第一巻第九号〜第三巻第五号までの七号）がある。これらの史談に並んで、郁之助はようやく第三巻（第三〜四号）に「回天丸」を発表した。宮古湾海戦と箱館戦争で旗艦回天を指揮した立場にあっては、沢流にいえば、「幕府軍艦回天丸の終始」は郁之助が書かねばならなかった。本書では、すでに「回天丸」が伝えるいくつかのことを紹介してきた。補足事項とともに、あらためて「回天丸」について述べておこう。

ボーケルの談話

雑誌『旧幕府』では、「回天丸」は史料の欄に掲載されている。書き出しはやや歴史小説を思わせるところがある。史料「回天丸」が発表された当時は浦賀船渠の事業が始まったころで、そこには造船技術者として来日していたボーケルというドイツ人が雇用されていた。郁之助は、自分がかけていた椅子についてあるときボーケルと話を交わし、そのときのことを、「余が倚《よ》る所の椅子を指して曰く、この椅子は回天丸の木材にて紀念の為め之を製し余が所持するものなりと。吾同胞の血を流したる回天の木材なりと聞けば洒《しゃ》に（石橋絢彦著『回天艦長甲賀源吾伝』では、〈……なりと聞き、漫《そぞ》ろに……〉と表現されている）感慨に堪へざりき」と述懐している。先に三菱会社所属であったボーケルは、函館港浚渫《しゅんせつ》のため海底より引き揚げた回天丸の木材で記念に造ったのが郁之助が座っている

回天丸の履歴

椅子であると説明したのである。さらにボーケルは、回天の日本回航までの前歴を調べて郁之助のもとに届けている。それが「回天丸」執筆の資料になっている。「回天丸」の書き出しは、なぜいま回天丸なのか、じつはこのたび回天の最後から三十年もたって、たまたま自分が座っていた椅子が函館湾の海底から引き揚げられた回天の木材で作られたものであることがわかった、と話をすすめている。

内容は、回天が購入されるまでの履歴についで、日本籍になってからの生涯を述べたものである。すなわち、回天の生い立ち、欧州での活躍、米国への売却、日本に転売されたときの状況、艦長甲賀源吾のことにつづいて、宮古、箱館の活動については、時に日を追って克明な記録が綴られている。

回天が残した歴史上の出来事の一つは宮古湾海戦である。これは奇襲作戦であった。作戦行動のうち敵を欺く行為も時にはおこなっており、そのことも歴史のひとこまとして述べられている。回天と高雄の両艦が、沿岸の村民の感知を逃れるため、アメリカとロシアの国旗を挙げて航行したことなど、作戦の手の内を示したものである。そしてもう一つの出来事は、負け戦の箱館戦争であろう。これらは、いずれも先に述べたところである。この回顧録は、旧幕府の艦船で最後の一隻になるまで活躍した回天と、軍艦操練所出身の数少ない戦死者である甲賀源吾への郁之助の想いを綴った一文となっている。

珍書「回天丸の話」

雑誌『旧幕府』に発表された「回天丸」は、関係者の目にとまることが少なかったようである。のちに退役士官の会の機関誌『有終』に、ほぼ同内容のものが「回天丸の話」として紹介されたときは、「まだ世に表われていない珍書である」と説明している。また、一部が「回天丸の前身ダンジック号」として『回天艦長甲賀源吾伝』に掲載されたこともある。いずれも遺稿とされている。『旧幕府』は関係者のみに配布されたいわば同人誌で、一般の目には届きにくかったとおもわれる。公表が同人誌であったため、のちに遺稿として扱われたのであろう。なお、郁之助の自筆の原稿「回天丸の話」がかつて海軍記念館に保管されていたという。現存してはいないだろう。

雑誌『旧幕府』は、第五巻第七号を発行したところで刊行の主旨を拡張して、鎌倉時代までさかのぼって武士道とその風俗習慣を語ることにし、『武士時代』と誌名を改めて刊行をつづけた。このたびは、榎本、木村、田辺などの顧問格に並んで、荒井郁之助の名がいわば発起人の一人にあがっている。郁之助の公的活動で最後の仕事であった。しかし、同誌は一年で廃刊になっている。

第九　かえりみて

一　人物像

　明治新政府は、旧幕府出身の頭脳を多く官庁機構のなかに取り込み、それらの人たちの活躍をえてようやく運営されていた。荒井郁之助もその一人で、新政府に一技術官僚として二十年足らず奉職し、もっぱら政府のおこなう科学技術の仕事にたずさわってきた。祥雲寺の「荒井君碑」は、勇退後、さらに浦賀船渠の設立に、みずから工事を監督したことを述べて事績の紹介を終え、「明治二十七年、正五位に叙せられ、四十二年七月十九日、七十四歳で病没す。麻布の祥雲寺に葬られた」として、いちおう生涯の記述を終えている。晩年の病は糖尿病であった。

　郁之助についての事績やみずからを述べた「荒井家伝記」には、成人してからの日常の生活についての記述はない。家庭生活をとおしてみた郁之助の日常は、荒井陸男による「伜から見た荒井郁之助」がある。おおかた五十歳の年齢差のある父子のあいだで、小中学校で落第をかさねながら画家としての道を歩んで大成した子供の側からの回想である。凧揚げや独楽回しの遊びに時間をさきながら、家庭での子煩悩の一面が記述されている。

洋式に親しむ

郁之助は、新しく西洋の科学技術を導入する仕事にたずさわりながら、日常の生活でも西洋の様式に親しんでいたところがあった。旧幕府、開拓使、地理局、浦賀の造船所をとおして、欧米より雇い入れた技術者や教師と数多く付き合いをもっていたことから、欧米の生活習慣を傍にみる機会が多かった。陸男の述べているところによると、「食道楽であって、健啖家であった」そうで、当時から牛肉を好んで食べ、洋式の料理を口にしていた。これは、旧幕府が求めた艦船に西洋人コックが乗船していたことがおおいに影響していると思われる。その厨房にあった料理人の手を借りて「晩餐会をよく家でやった」というから、生涯、酒をたしなまず、酒席を好まなかったとはいえ、社会的な交際にうとい人柄ではなかった。

廉隅にあるも……

碑文は、つづいて郁之助の人物について述べている。読み下すと

君、広顙豊頤《こうそうほうい》、鬚髯《しゅぜん》を美《よ》くす。資性寛厚、挙《きょ》止詳慎《ししょうしん》なり。而《しこう》して時に臨むや、廉《れん》

荒井郁之助墓

隅《ぐう》に有るも毅然として犯
　す可からず

とある。大きな顔に立派なひげをたくわえた風貌を想像すればよかろう。加えて、性格は生まれながらにおおらかというから、一見、犯し難いところもあるが、柔和な趣きを備えて大人の風格を想わせるところがあったのであろう。

さらに、振る舞いは細やかで、かつ丁寧であったという。おそらく穏やかな口調で丁寧な語りかけをする人であったらしい。しかし、ひとたび大事な時になると、たとえ末席にあっても毅然として発言を求め、決して大勢に流されることはなかったといっている。一方、「伜から見た荒井郁之助」には、友人の話として、「私の学生時代青山学院で荒井郁之助の講演を聴いたことがあるが、猛烈なとつべんで、けっきょくなにを云っているのか解らないで帰って来た」という紹介もある。ここには、多少指摘にずれがあるようにみえるが、「廉隅に有るも毅然として」というのは、必要に迫られたときのみに表われるもので、平素は訥弁の穏やかな人を思い浮かべればよかろう。のべつに自己を表に出すことをよしとしない人であったと想像される。

歌を詠む

人物の紹介は、つづいて

夙《つと》に国風を能《よ》くし、晩年には尤《もっと》も多くの佳詠あり

として結んでいる。和歌の嗜みがあり、晩年には優れた歌を多く詠んだという。逢坂信忢著『荒井郁之助伝』には四首ほど紹介されている。そのうちの一首に次の歌がある。

手にとれば高き梢の花の香もしづえ（下枝）のものとかわらざりけり

ここには、よく人に接してみれば、品位や真価というものは、地位の高低、身分の貴賤には案外関係ないものだということがわかる、という生活信条が読みとれる。

東京府平民

このような信条を歌によむのも、明治六年に戸籍制度が制定されたときに、士族ではなく、あえて東京府平民として届け出たところにすでに表われている。郁之助の言い分は、嫡子の荒井陸男によれば、「敗軍の将再び兵を語らず、牢獄から出てきた時に剣を捨てて、生まれ変わって再生したのであるから、平民となるのである」というところか

らきている。早くから、名誉栄達から身を引いている。それはまた跳ね返って、正五位という高くもない位階を頂戴することにもなった。のちに中央気象台長を永く勤めた中村精男は正三位勲一等に輝くが、両者の違いは大きい。中村精男が長州藩の私塾である松下村塾の出身であったのと、かたや旧幕府の昌平坂学問所出身で、箱館戦争のいわばA級戦犯という違いが、その一因であろう。

二　時代にさきがけて

広い活動分野

現代の科学技術が細分化されていることはつねづね感ずるところであるが、郁之助の所属した旧幕府と明治政府における部局を今日の政府の機構名で列挙してみると、その範囲がまたきわめて広いことに気づくものである。軍艦操練所と太田村陣屋の伝習所は防衛大学校と海陸の自衛隊の組織ということになる。開拓使の仮学校は北海道大学の前身とみておけばよかろう。北海道測量事業については北海道開発庁をあげるのが適当であるが、仕事の内容は建設省国土地理院ということになる。江戸湾測量や北海道の港湾測量は、現在では海上保安庁水路部のおこなう事業が対応する。経度や標準時に関する

時代に先んじて

仕事は天体観測といっしょにして国立天文台が所掌する仕事である。度量衡は、今は工業技術院計量研究所がその専門機関である。地理局地質課は、同じ工業技術院で地質調査所に受け継がれている。中央気象台は気象庁に発展している。官庁機構ではないが、辞書の編さんと『中外工業新報』の発刊はいずれも出版社ということになろう。同じく浦賀船渠は造船会社である。一つの専門職種に落ち着いて仕事をする生涯ではなかった。

一人の個人がこのように多岐にわたった分野で仕事をするということは、古典科学技術の世界にあっては普通におこることかもしれないが、人は好んでそのような道を選ぶことはしない。荒井郁之助の場合は、維新の変革と西欧科学技術の急速な受入れの時代に生きたことが、このような生涯を送るもとになった。その結果、いくつもの事業の創設に立ち会ってきたが、ときにその時期がいくぶん早過ぎたために、百年誌の類《たぐい》に事績の記述が詳しくないことも多い。『中外工業新報』についても、これは現在の科学技術情報誌にも似たもので、いかにも時代が早過ぎて、刊行が永く続くことにはならなかった。時代を一歩先に歩んでいたのであろう。

欧米から近代科学技術の受入れがはじまった時代に生きた郁之助は、生涯にかかわった職務は、いずれもそこに新技術が導入されており、また、組織の創設が行われていた。

官職を退いてからは、なお、新技術への夢を追い、その結果が『鴿たより風船はなし』の出版となった。遠隔地を結ぶ通信手段としての伝書鳩は、一部で実用になった時期もあったが、まもなく無線通信がひろく利用されるようになり、夢はかならずしも実らなかった。一方、気球に託した夢は、一つは山岳の気象観測所として実現した。また、上空の気象観測に気球を利用する方式は、その後一九三〇年代になってラジオゾンデが開発され、今日では気球を用いた世界的な高層気象観測網が確立されている。当時は、まだ技術と体制が気球を気象観測に導入するまでに整っていなかったので、この書物は洒落た本の体裁で出版されたものと思われる。今にいう解説書としての内容を十分に備えていながら、のちに引用された文献をみない。

「荒井君碑」の碑文は律詩をそえて締めくくっている。現代文で読み下すと、

峻厳なことはその節操に見られ、誓って旧主の将軍家に報恩した
また精密なことはその学識に見られ、良く後輩に恩恵を与えた
麻布台の下手、渋谷川の近くに永眠されているが
英名は朽ちることなく、長く石碑に保存される

（股野宏志氏の訳文による）

将軍家を守ることにつけては、堅くその意志をまっとうし、その恩に報いたことを誉め、深い学識と後輩の指導を賛えたものである。旧主に報恩して天寿をまっとうし、のちに主家より篆額《てんがく》をもらい受けたことは、武家に生まれた郁之助にとって、たいへん名誉なことであったろう。

戒名は大義院殿心海道郁居士とおくられた。

荒井氏略系図

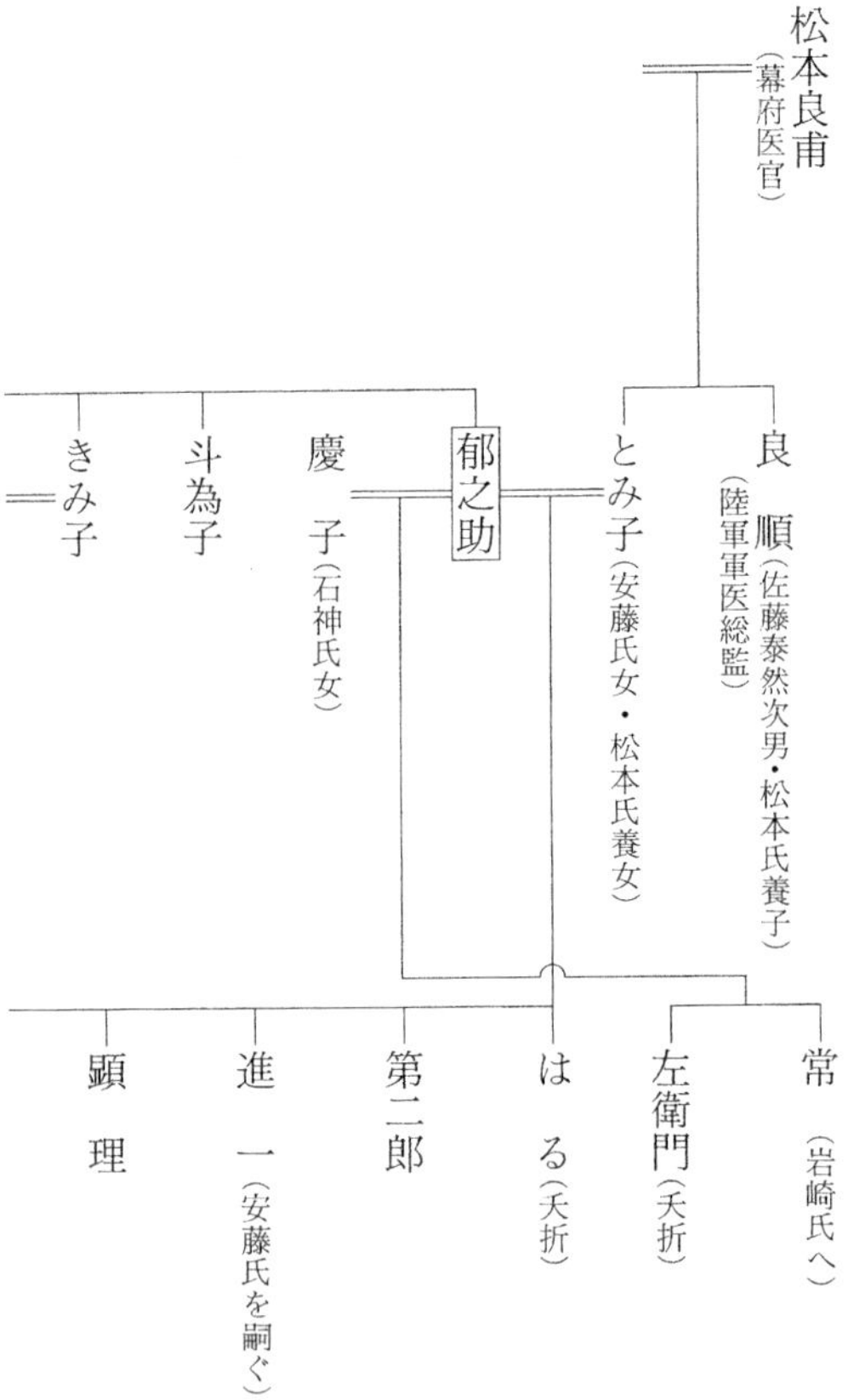
松本良甫
（幕府医官）
良　順（佐藤泰然次男・松本氏養子）
（陸軍軍医総監）
とみ子（安藤氏女・松本氏養女）
郁之助
慶　子（石神氏女）
斗為子
きみ子
常（岩崎氏へ）
左衛門（夭折）
は　る（夭折）
第二郎
進　一（安藤氏を嗣ぐ）
顕　理

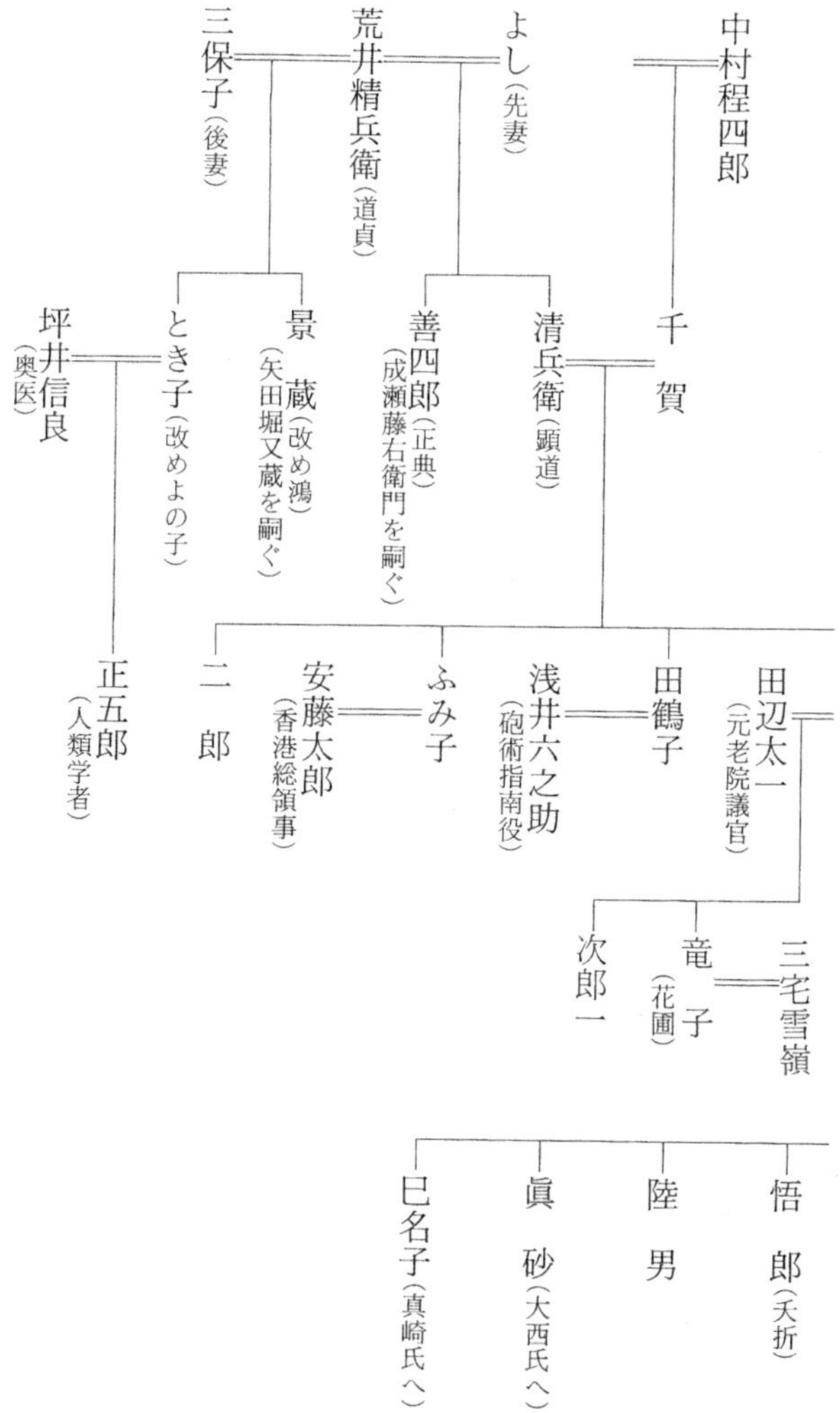
中村程四郎
千賀
よし（先妻）
荒井精兵衛（道貞）
三保子（後妻）
清兵衛（顕道）
善四郎（正典）（成瀬藤右衛門を嗣ぐ）
景蔵（改め鴻）（矢田堀又蔵を嗣ぐ）
とき子（改めよの子）
坪井信良（奥医）
田辺太一（元老院議官）
田鶴子
浅井六之助（砲術指南役）
ふみ子
安藤太郎（香港総領事）
二郎
正五郎（人類学者）
三宅雪嶺
竜子（花圃）
次郎一
悟郎（夭折）
陸男
眞砂（大西氏へ）
巳名子（真崎氏へ）

略年譜（年齢は数え年によった。＊印は年月不詳もしくは不確か）

年次	西暦	年齢	事績	参考事項
天保七	一八三六	一	四月二九日、湯島天神下上手代町で誕生	
一〇	一八三九	四		祖父没
一四	一八四三	八	素読入門	妹斗為子誕生
弘化元	一八四四	九	浅草鳥越三味線堀へ転居	
二	一八四五	一〇		妹きみ子誕生
四	一八四七	一二	四書五経小学済み○剣術入門	
嘉永元	一八四八	一三	素読の吟味	
二	一八四九	一四	昌平黌二階に入る○詩経の輪読○芸術御番入りのため元服	父棚倉代官○妹田鶴子誕生
三	一八五〇	一五	書を学ぶ	父市川大門代官、甲州赴任
五	一八五二	一七	『オランダ舶砲新編』を写す	妹ふみ子誕生
六	一八五三	一八	西洋流砲術入門	六月、ペリー来航○「牧民金鑑」完成
安政元	一八五四	一九		父甲府から奥州へ支配所替○弟二郎誕生○東海道沖地震
二	一八五五	二〇	芸術学問の吟味○小十人組百俵十人扶持○一二月、	慶子と結婚○長崎海軍伝習所開所○

	四	一八五七	二二	御番入○蘭学入門 築地の軍艦教授所出入り○洋算学習	一〇月、安政大地震 曾祖母、祖母没○矢田堀景蔵軍艦操練所教授方頭取
	五	一八五八	二三	軍艦操練所世話心得	長女常誕生
	六	一八五九	二四	八月、実地修業のため朝陽丸に乗り込む	福沢諭吉英語に切り替える
万延	元	一八六〇	二五	「米国海岸測量報告書」を読む○高等数学の勉強 ○軍艦操練所教授＊	成瀬善四郎咸臨丸で渡米○父奥州より帰る○馬喰町代官屋敷住い○長男左衛門誕生○妻没
文久	元	一八六一	二六	一月より内海測量○蟠竜丸船将心得○一二月～翌年四月、千秋丸で小笠原へ航海	一一月五日、とみ子と再婚○矢田堀景蔵軍艦頭取
	二	一八六二	二七	九月、軍艦操練所頭取○三百俵十五人扶持○順動丸船将、江戸大坂を往復（将軍乗船）	四月、妹きみ子外国方田辺太一に嫁す○八月、父、長男没 ○『英和対訳袖珍辞書』発刊
	三	一八六三	二八	順動丸、翔鶴丸で東西に奔走	次女はる誕生○三味線堀に帰る○矢田堀景蔵軍艦奉行
元治	元	一八六四	二九	四月、講武所取締	次女没○叔母よの子奥医坪井信良に嫁す
慶応	元	一八六五	三〇	七月、歩兵差図役頭取＊○仏国軍事伝習を受ける	第二郎誕生
	二	一八六六	三一		一二月、仏軍事顧問団来日
	三	一八六七	三二	歩兵頭並、本高百俵千石＊○薩摩藩邸焼き打ちの相談を受ける	一〇月、大政奉還

明治				
元	一八六八	三三	一月、軍艦頭○海軍奉行＊○八月、江戸湾脱走	一月、矢田堀景蔵海軍総裁
二	一八六九	三四	三月、宮古湾海戦○五月、箱館戦争降伏	七月、北海道開拓使設置
四	一八七一	三六	二年六月以降獄中	四月、戸籍法制定 九月、水路局設置○ケプロン来日
五	一八七二	三七	一月、出獄、開拓使五等出仕○四月、仮学校勤務○九月、『英和対訳辞書』刊行	七月、函館気候測量所設置
六	一八七三	三八	三月、仮学校一旦閉鎖○北海道測量に従事	
七	一八七四	三九	一二月、金星日面通過観測の天覧説明	
八	一八七五	四〇	従五位、五月、札幌在勤となる	六月、東京気象台創立
九	一八七六	四一	六月、開拓使辞任	
一〇	一八七七	四二	『中外工業新報』発刊○八月、内務省出仕○一二月、地理局測量課長○『測量新書』刊行	五月、東京数学会社創立
一一	一八七八	四三	五月、地理局地質課長併任○大三角測量計画○測候所設置建議	
一二	一八七九	四四	『地理論略』刊行	四月、東京地学協会創立
一三	一八八〇	四五	三月、地質課長解任	三月、日本地震学会創立
一五	一八八二	四七	東京地学協会で「測量術沿革考」講演○気象事業にメートル法採用	五月、東京気象学会創立○農商務省地質調査所設置
一六	一八八三	四八	二月、東京気象学会会長	三男没
一八	一八八五	五〇	六月、地理局第四部長	陸男誕生
一九	一八八六	五一	三月、地理局次長	日本標準時及び天文台の経緯度決定

二〇	一八八七	五二	八月、新潟県三条市で皆既日蝕観測に成功	母、叔父矢田堀景蔵没
二一	一八八八	五三	五月、大日本気象学会幹事長○一二月、地理局気象課長	東京天文台、陸地測量部設置○大日本気象学会設立
二三	一八九〇	五五	八月、中央気象台長	中央気象台官制なる
二四	一八九一	五六	三月三一日、退官	度量衡法公布○地理局廃止
二六	一八九三	五八	『鴿たより風船はなし』刊行	
二七	一八九四	五九	正五位	
二九	一八九六	六一	九月、浦賀船渠創設　監査役就任	
三五	一九〇二	六七	一二月一五日、浦賀船渠退社	
四二	一九〇九	七四	七月一九日、永眠	
大正　四	一九一五		「荒井君碑」建つ	

参考文献

一　一般参考書・報文等

開拓使編『開拓使顧問ホラシケプロン報文』明治一二年　開拓使

椎谷四郎吉著『日食観測実記』明治二二年

岡崎壮撰「荒井君碑文」大正四年『気象集誌』

山崎有信著『大鳥圭介伝』大正四年　北文館

高木菊三郎著『日本地図測量小史』昭和六年　古今書院

石橋絢彦著『回天艦長甲賀源吾伝』昭和七年　甲賀源吾伝刊行会

荒川秀俊著『日本気象学史』昭和一六年　河出書房

福永恭助著『海将荒井郁之助』昭和一八年　森北書店

堀内剛二著「初代中央気象台長荒井郁之助―その青年時代」昭和三〇年『天気』

大阪女子大学『大阪女子大学蔵日本英学資料解題』昭和三七年　非売品

水田信利訳『長崎海軍伝習所の日々―カッテンディーケ』昭和三九年　平凡社

逢坂信忢著『荒井郁之助伝―北海道教育の先駆者』昭和四二年　北海タイムス社

荒井顕道編著『牧民金鑑』滝川政次郎校訂　昭和四四年　刀江書院
加茂儀一著『榎本武揚小伝』　昭和四四年　新人物往来社
武田楠雄著『維新と科学』　昭和四七年　岩波書店
関　秀志著「開拓使の三角測量事業について」　昭和四八年『北海道開拓記念館研究年報』
原田一典著『お雇い外国人　十三　開拓』　昭和五〇年　鹿島出版会
井黒弥太郎著『黒田清隆』　昭和五二年　吉川弘文館
赤松範一編注『赤松則良半生談―幕末オランダ留学の記録』　昭和五二年　平凡社
小泉袈裟勝著『ものさし』　昭和五二年　法政大学出版局
橋本万平著『地震学事始』　昭和五八年　朝日新聞社
篠原宏著『陸軍創設史』　昭和五八年　リブロポート
西島照男訳『ケプロン日誌　蝦夷と江戸』　昭和六〇年　北海道新聞社
藤井哲博著『咸臨丸航海長小野友五郎の生涯』　昭和六〇年　中央公論社
篠原宏著『海軍創設史』　昭和六一年　リブロポート
新人物往来社編『物語五稜郭悲話』　昭和六三年　新人物往来社
惣郷正明著『日本英学のあけぼの』　平成二年　創拓社
荒井照治著『荒井氏の歴史』　平成二年　新人物往来社

小松醇郎著『幕末・明治初期数学者群像（上）幕末編』 平成二年 吉岡書店
吉村昭著『幕府軍艦「回天」始末』 平成二年 文芸春秋
原田朗著「初代中央気象台長〈荒井郁之助〉と北海道開拓使の港湾測量図」 平成四年『水路』
土居良三著『軍艦奉行木村摂津守』 平成六年 中央公論社

二　関係団体の歴史

『新撰北海道史』 北海道庁編 昭和一一年
『浦賀船渠六十年史』 浦賀船渠株式会社編 昭和三二年
『測量・地図百年史』 同編纂委員会編 昭和四五年
『日本水路史』 海上保安庁水路部編 昭和四六年
『気象百年史』 気象庁編 昭和五〇年
『東京天文台の百年』 同編集委員会編 昭和五三年
『計量百年史』 同刊行委員会編 昭和五三年
『北大百年史』 北海道大学編 昭和五七年
『地質調査所百年史』 同編纂委員会編 昭和五七年
『地磁気観測百年史』 地磁気観測所編 昭和五八年

『日本の数学一〇〇年史』　同編集委員会編　岩波書店　昭和五八年
『日本地学史（その一）―西洋地学導入期』　同編纂委員会編（有田忠雄氏の私信による）

あとがき

幕末や明治初期の話をして荒井郁之助という名前を持ち出すときは、それなりの前置きがほしい。幕府の海軍奉行というのも古めかしいので、一メートルは三・三尺だと決めてくれた人ということにしている。しかし、もはや尺目盛りの物差《ものさし》を見て育った世代は少なくなり、この説明も通用しがたくなった。いよいよ荒井郁之助もその事績も、歴史資料のなかに埋もれてしまいそうなときにこの本を出版できた。また、荒井郁之助の事績や関係資料は、従来、一人の人物が残したものとみなされることのなかったものが多い。それらを人物叢書の一冊にまとめて述べることができた。いずれも、たいへんうれしいことである。さらに、その事績の多くが科学史の分野の人物を本叢書に加えていただいたこともありがたい。日本歴史学会に謝意を表したい。

事績の調査では、まだ実物が姿をみせていなかった『工業新報』に巡りあった。東京都立中央図書館では、もう一度だけ尋ねておこうと思い、いくども図書館の方に相談してきた質問をしてみた。すると、一冊の私家版の蔵書目録を取り出して工業新報に似たタイトルを見つけ、その所在を教えてくださった。聞けば『〇〇工業新報』というふうに捜してみたとのことであった。さすがに本職の仕事だといまでも感謝している。おかげで東京大学法学部近代法政史料センター明治新聞雑誌文庫に眠っていた『中外工業新報』百五十号分を手にすることができた。この資料には蔵書印があり、当時のジャーナリスト（宮武）外骨もこの雑誌を購読していたらしいということがわかった。

資料捜しは見つけるばかりではなかった。あらたに自分の目で否定することもあった。荒井郁之助編さん『英和対訳辞書』は牢の中で編まれたという通説がある。ところが、参考にしたというウエブスターの辞書は語句の説明の詳しい大著で、一英単語に一日本語訳というような辞書の編さんの参考にするにはあまりにも大辞書である。それに、私の目ではほどよい明かりと椅子机をうまく用意しなければ読む目もおぼつかない。また、この辞書のもとになったと思われる当時すでに出版されていた英和辞書をならべて見ると、字の形までそっくりなのがおもしろかった。後に惣郷正明氏は『日本語開化物語』で、荒井郁之助編さんの辞書はほかの辞書を版木に貼り付けて丸ごと手彫りにしたものだと指摘された。また、すでに三十数年もまえに大阪女子大学の研究グループが、『日本英学解題』で同様の指摘をしておられた。足元の暗いところで仕事をしていたことに内心ひやりとした。

調査の途中で、大戦のころ渋谷の海軍記念館にあった「回天丸の話」の原稿はまだどこかに現存しているのではなかろうかという思いが頭をかすめはじめた。日本になければ連合軍に押収されたのかもしれない。とすればアメリカのしかるべきところにあるかもしれない。ワシントンの国立国会図書館と国立公文書館、また大日本帝国海軍の資料を多く展示しているアナポリスの海軍兵学校にある資料館を調べてみることにした。しかし成果はあがらなかった。ところが、国会図書館では、日本で手にすることのむずかしい『海将荒井郁之助』を見ることができた。これは、かつてアメリカ気象局の研究所で、同室で仕事をしてくれた旧友ファーバー氏夫妻の親切な資料捜しのおかげである。

本書をまとめるにあたって、祥雲寺の碑文の読み下しは理学博士股野宏志氏のお力をかりた。また、墨蹟の判読には元名古屋港長浦川和男氏と他の方のご協力をえた。北海道関連の資料では、串崎利兵衛、宮川和夫、高谷喜一、伊藤直敏各氏は各方面の印刷物を収集してくださった。さらに高谷氏には港湾の現地踏査で、阿部明氏には測量標石の探索で、また明石一道氏には地理の案内など助力をいただいた。これらの方々のご援助に感謝の意を述べたい。

北海道大学名誉教授の札幌学院大学教授田中彰先生には、資料の調査の便宜や本書が扱った時代の背景について書かれた御著を頂戴し、終始はげましていただき、また本書を人物叢書にご推薦いただだいた。心からお礼の言葉を述べたい。本書を人物叢書の一冊にまとめるにあたっては、吉川弘文館編集部のご援助がおおきい。執筆の途中で未発表の資料をあらたに紹介していただき、本書の内容を深めることができた。また、荒井家には、あらたな資料をご提供いただくなど、執筆にあたってご援助たまわった。あわせてお礼を申し述べたい。

平成六年五月

原田　朗

著者略歴

昭和九年生まれ
昭和三十三年京都大学理学部卒業
気象庁地磁気観測所長・札幌管区気象台長・観測部長を経て
現在　気象庁気象研究所長
主要著書
大気のバックグランド汚染　大気の汚染と気候の変化

人物叢書　新装版

荒井郁之助

平成六年七月一日　第一版第一刷発行

著者　原《はら》田《だ》朗《あきら》

編集者　日本歴史学会
代表者　児玉幸多

発行者　吉川圭三

発行所　株式会社　吉川弘文館
東京都文京区本郷七丁目二番八号
郵便番号一一三
電話〇三―三八一三―九一五一〈代表〉
振替口座〇〇一〇〇―五―二四四
印刷＝平文社　製本＝ナショナル製本

『人物叢書』(新装版)刊行のことば

人物叢書は、個人が埋没された歴史書が盛行した時代に、「歴史を動かすものは人間である。個人の伝記が明らかにされないで、歴史の叙述は完全であり得ない」という信念のもとに、専門学者に執筆を依頼し、日本歴史学会が編集し、吉川弘文館が刊行した一大伝記集である。

幸いに読書界の支持を得て、百冊刊行の折には菊池寛賞を授けられる栄誉に浴した。

しかし発行以来すでに四半世紀を経過し、長期品切れ本が増加し、読書界の要望にそい得ない状態にもなったので、この際既刊本の体裁を一新して再編成し、定期的に配本できるような方策をとることにした。既刊本は一八四冊であるが、まだ未刊である重要人物の伝記についても鋭意刊行を進める方針であり、その体裁も新形式をとることとした。

こうして刊行当初の精神に思いを致し、人物叢書を蘇らせようとするのが、今回の企図である。大方のご支援を得ることができれば幸せである。

昭和六十年五月

日本歴史学会

代表者 坂本太郎

〈オンデマンド版〉
荒井郁之助

人物叢書　新装版

2021年（令和3）10月1日　発行

著　者　原《はら》田《だ》　朗《あきら》
編集者　日本歴史学会
代表者　藤田　覚

発行者　吉川道郎
発行所　株式会社　吉川弘文館
〒113-0033　東京都文京区本郷7丁目2番8号
TEL　03-3813-9151〈代表〉
URL　http://www.yoshikawa-k.co.jp/

印刷・製本　大日本印刷株式会社

原田　朗（1934～2018）

ISBN978-4-642-75200-8